HISTÓRIAS

Livro I - Clio

O livro é a porta que
se abre para a realização do homem.

Jair Lot Vieira

Heródoto

HISTÓRIAS

Livro I - Clio

Tradução, introdução e notas
Maria Aparecida de Oliveira Silva

Graduada em História. Mestre em História
Econômica e Doutora em História Social (USP)
Pós-Doutora em Estudos Literários (UNESP)
Pós-Doutora em Letras Clássicas (USP)

edipro

Grafia conforme o novo Acordo Ortográfico da Língua Portuguesa.

1ª edição, 1ª reimpressão 2024.

Editores: Jair Lot Vieira e Maíra Lot Vieira Micales
Produção editorial: Fernanda Rizzo Sanchez
Revisão: Texto & Contexto | Comunicação Editorial
Projeto gráfico e editoração eletrônica: Studio Mandragora
Arte da capa: Marcela Badolatto | Studio Mandragora
Imagem da capa: Clio por Pierre Mignard, século XVII

Dados Internacionais de Catalogação na Publicação (CIP)
(Câmara Brasileira do Livro, SP, Brasil)

Heródoto, 484-425.

Histórias : livro I, Clio / Heródoto ; tradução, introdução e notas Maria Aparecida de Oliveira Silva. – São Paulo : Edipro, 2015.

ISBN 978-85-7283-919-8

1. História antiga 2. Grécia – História I. Título.

15-00948 CDD-930

Índice para catálogo sistemático:
1. História antiga : 930

EDITORA AFILIADA

edipro

São Paulo: (11) 3107-7050 • Bauru: (14) 3234-4121
www.edipro.com.br • edipro@edipro.com.br
@editoraedipro @editoraedipro

Sumário

Introdução às *Histórias*

I. Heródoto

Existem poucas informações biográficas a respeito de Heródoto. Dispomos apenas de registros tardios, como o do filósofo Porfírio, 234-304 d.C., e da enciclopédia *Suda*, do século X, além de outros poucos, que, pela distância temporal, colocam em dúvida a veracidade de seus relatos. O próprio proêmio (prólogo) das *Histórias* de Heródoto não nos traz a certeza sobre em qual cidade ele nasceu. Alguns grafam Halicarnasso e outros Túrio, como é o caso da edição francesa utilizada nesta tradução. Convém ressaltar que a versão mais aceita é a de que Heródoto nasceu em Halicarnasso, cidade localizada na Ásia Menor, e não em Túrio, cidade situada na Península Itálica. Em razão disso, Heródoto teria origem dórica, uma vez que Halicarnasso foi colonizada pelos habitantes de Trezena, cidade em que nasceu o herói Teseu, localizada na península do Peloponeso. Não sabemos ao certo o ano de seu nascimento, estimado entre 485 e 480 a.C., nem o ano de sua morte, calculado entre 425 e 420 a.C.

De acordo com relatos posteriores, Heródoto descendia da família real de Halicarnasso, daí seu parentesco com a rainha Artemísia, a quem ele destina várias páginas de suas *Histórias*, Livros VII e VIII, com episódios edificantes de sua imagem, demonstrando sua coragem e sabedoria, apesar de ela ter lutado ao lado dos persas. Estima-se que, por volta de 460 a.C., tenha havido uma disputa acirrada entre as facções da cidade de Halicarnasso, resultando no exílio de Heródoto, que se abrigou na ilha de Samos e depois partiu para Atenas.

Em Atenas, o grande centro político e cultural do século V a.C., Heródoto manteve contato com o poeta trágico Sófocles, além de ter convivido com outros expoentes da produção literária e cultural de seu tempo. Por influência da política expansionista de Péricles, que defendia a disseminação de uma cultura pan-helênica, Heródoto teria aceitado participar de uma expedição de colonização e fundação da cidade de Túrio, em 443 a.C., onde teria redigido os livros de suas *Histórias*. Por esse motivo, circulava entre os helenos a versão de "Heródoto de Túrio", concomitante à de "Heródoto de

Halicarnasso", grafadas nas primeiras linhas de sua obra. Assentado na nova colônia de Túrio, Heródoto realizou viagens para conhecer o mundo, adquirir conhecimento e sabedoria, partindo para a região do Mar Negro, conhecendo a Cítia, o Egito, a Babilônia, Cirene e vários territórios da Ásia Menor.

II. As *Histórias* de Heródoto

Escrito em dialeto iônico, o texto de Heródoto traz expressões marcadamente orais, demonstrando que seu conteúdo passou por longo processo de composição oral. Sabemos ainda que parte do seu texto foi recitado em público, nas cidades de Atenas e Olímpia, o que lhe rendeu a fama de ser um bom recitador, tendo recebido uma quantia significativa como prêmio pela qualidade da sua leitura. No entanto, por suas diversas citações de autores helenos, há ainda a presença dos outros dialetos em sua narrativa, como o dórico e o eólico.

Embora Heródoto afirme, no seu Prólogo, que irá narrar a história das guerras travadas entre helenos e persas, notamos que seus relatos vão além desses fatos, que, na verdade, somente começam a ser narrados a partir do fim do Livro VI. O primeiro livro, dedicado a Clio, musa da História, expõe as origens das inimizades entre bárbaros e gregos, que, segundo Heródoto, aconteceram por meio dos raptos de mulheres realizados por todos. No segundo livro, Euterpe, musa da lírica e da música de flauta, o autor conta a história do Egito, descreve costumes, deuses, templos, cultos, algumas técnicas de construções, e ainda tece relatos sobre sua geografia.

O terceiro livro, Talia, musa da comédia, trata de acontecimentos ocorridos na Pérsia e no Egito, à época em que Cambises, rei persa, organizou uma expedição militar para atacar o povo egípcio, em 525 a.C. e derrotou o faraó Psamético na Batalha de Pelúsio, tornando-se o senhor do Egito. No quarto livro, Melpômene, musa da tragédia, Heródoto centra sua narrativa na história da Cítia e repete a metodologia utilizada para a descrição do Egito. O autor conta algumas histórias importantes da Cítia, episódios sobre Héracles e outros que envolveram as Amazonas; também relata costumes, cultos, templos e deuses comuns aos citas, bem como traça um quadro da geografia local.

No quinto livro, Terpsícore, musa da dança, Heródoto tece uma espécie de história da Hélade, o nome grego da Grécia, começando com um breve acontecimento do rei persa Dario, que decide invadir a terra dos helenos. Em seguida, estabelece diferenças entre Atenas e Esparta, registra episódios dos seus governantes mais importantes, como Psístrato e os Pisistrátidas, em Atenas, e Cleômenes, em Esparta. Relata a história de Cípselo, o tirano de Corinto, e outras sobre os territórios dos eólios e iônios. No sexto livro, Érato, musa dos hinos e da música para lira, o autor detém-se mais à história de Esparta e de Atenas, tratando de questões de políticas internas e dos seus costumes. Ainda nesse livro, Heródoto começa a tratar dos preparativos dos persas para a invasão da Hélade, naquela que é conhecida como a Primeira Guerra Persa (492-490 a.C.). Assim, descreve a invasão de algumas regiões mais distantes e relata a Batalha de Maratona, quando os helenos derrotam os persas, em 490 a.C.

As Guerras Persas são o centro das narrativas do Livro VII em diante. Desse modo, o sétimo livro, Polímnia, musa dos cantos sacros, traz os episódios ocorridos durante as Guerras Persas, que passam a ser descritos com mais detalhes e a ser o tema central desse livro, onde vemos que a morte de Dario e a sucessão de Xerxes são fatos que impulsionam o conflito. Heródoto conta que o desejo de vingança do novo rei persa move suas pretensões de dominar a Hélade e de subjugar seu povo, transformando-o em seu escravo, para edificar um império universal. Então, as manobras militares e políticas de Xerxes e de seu general Demarato são descritas por Heródoto até atingir a grande batalha, decisiva para a contenção das forças persas, que é a célebre Batalha das Termópilas, realizada no desfiladeiro de mesmo nome, que servia de passagem para a Hélade. Essa fase do embate entre helenos e persas é conhecida como a Segunda Guerra Persa (481-479 a.C.). Para Heródoto, esse embate é considerado fundamental para a sobrevivência do mundo helênico. Graças ao destemor e ao sacrifício dos 300 espartanos liderados pelo rei Leônidas, a Hélade pôde se organizar e lutar por sua liberdade, embora, depois de ter derrotado os helenos nas Termópilas, os persas tenham arrasado a região da Beócia e a cidade de Atenas.

O oitavo livro, Urânia, musa da astronomia, trata especialmente da batalha naval ocorrida nas proximidades da ilha de Salamina, que, em sua primeira fase, teve a fundamental participação de Artemísia, sátrapa da Cária, que comandou cinco naus e, por sua inteligência estratégica, forçou a debandada dos helenos do combate no estreito de Artemísion, local que separa Salamina da Ática. Heródoto destaca antes o papel crucial de Temístocles para a construção da esquadra naval ateniense, sem a qual os helenos não teriam condições de enfrentar a invasão inimiga e, ainda menos, para vencê-los na segunda fase da Batalha de Salamina.

O nono e último livro, Calíope, musa da poesia épica, Heródoto relata os combates travados entre helenos e persas nas batalhas terrestre, de Plateias, e naval, de Mícale, nas quais os persas foram derrotados no mesmo dia. A Batalha de Plateias, ocorrida em 479 a.C. na planície da Beócia, foi o último embate dos helenos para a expulsão dos persas da Hélade. Essa batalha foi a maior travada durante as Guerras Persas, pois envolveu não apenas atenienses e seus aliados, mas também os espartanos e seus aliados, diferentemente do que aconteceu em Maratona, onde os atenienses lutaram sozinhos com seus aliados.

III. A História em Heródoto

"Pai da História" (*pater historiae*) é o epíteto conferido a Heródoto pelo orador romano Cícero no século I a.C., em sua obra *Das Leis*, I, 1. De fato, a palavra *história* foi uma invenção de Heródoto, uma derivação do termo ἵστορ (*hístor*), que significa "aquele que sabe", mas aquele que conhece os fatos por "interrogar", por "informar-se" a respeito de algo, daí "investigar", como expressa o verbo ἱστορέω (*historéō*), do qual deriva esse substantivo. Por essas denominações, Heródoto criou a palavra ἱστορίαι (*historíai*), título de sua obra, que significa "investigações". Portanto, Heródoto foi o primeiro a conceber um método histórico capaz de reconstituir e de explicar a história dos povos do seu tempo.

Desse modo, vemos a influência, sobretudo, de dois gêneros já existentes em sua época: a poesia épica e a filosofia, na estruturação da linha de pensamento que fundamenta sua obra. A poesia épica de Homero, a primeira obra da literatura ocidental: a *Ilíada*, na qual o aedo eterniza os episódios e os heróis da Guerra de Troia, tal como Heródoto faz com suas personagens e os acontecimentos que as envolvem nas Guerras Persas. Como notou Schlögl, o uso do mito por Heródoto para explicar os acontecimentos é um elemento que tem suas raízes na epopeia.[1] A filosofia se faz presente na tentativa de refletir sobre as causas e os efeitos das ações humanas, ora explicadas por um pensamento mítico, ora justificadas por fatos, ora por suas práticas culturais, por seu caráter, por uma noção de justiça operada pelos deuses, materializada nos revezes ou nos sucessos das suas personagens. Enfim, notamos, na narrativa herodotiana, a transição do pensamento mítico para um mais racional, que resulta em sua visão mais racional do mito, embora o maravilhoso não seja totalmente descartado de sua compreensão dos fatos.

Porque Hecateu de Mileto, 550-490 a.C., é considerado o primeiro autor a registrar os acontecimentos em prosa, alguns estudiosos tendem a associar a escrita de Heródoto à do milésio. Autor de uma obra perdida intitulada *Genealogias*, na qual traça a genealogia dos mitos, Hecateu busca racionalizar suas origens, afirmando que as tradições dos helenos eram numerosas e absurdas. Escreveu ainda *Periegesis*, uma obra em que apresenta a geografia do mundo de sua época, desenhando o mapa das regiões conhecidas por helenos e persas, como podemos ver ao lado:

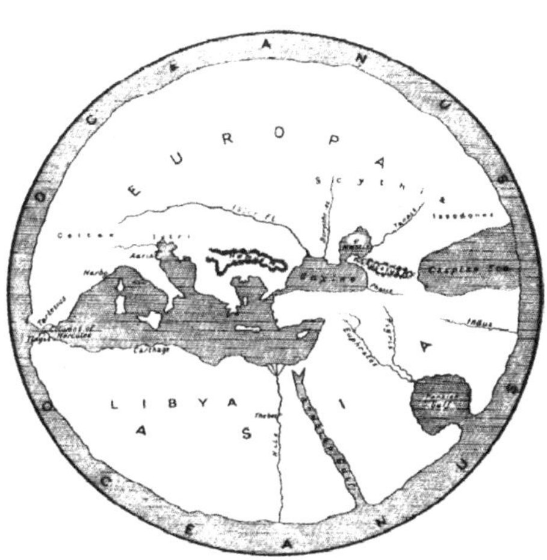

Mapa-múndi desenhado por Hecateu de Mileto, no início do século V a.C., elaborado a partir do que foi concebido por Anaximandro no século VI a.C.

1. Albert Schlögl. *Heródoto*. Tradução de Javier Alonso López. Madrid: Alderaban, 2000. p. 38.

Em razão disso, alguns historiadores afirmam que a escrita em prosa e a preocupação de Heródoto com a geografia seriam uma influência direta de Hecateu, o que confere à sua obra um caráter reprodutivo. No entanto, Momigliano contesta essa associação entre os autores, sob a perspectiva de que Heródoto imitou Hecateu. O estudioso argumenta que Heródoto foi além de Hecateu, que suas narrativas acrescentam críticas e reflexões não encontradas no anterior, justamente porque ele o supera quanto a esses princípios e aos interesses que compõem seus relatos. Segundo Momigliano, tais princípios não são encontrados em Hecateu, que tem como prioridade somente registrar os acontecimentos, sem se preocupar com a crítica, como faz Heródoto, pensando na causa e nos efeitos dos fatos, além de questionar as informações recebidas.[2]

Nicolai acrescenta que a definição de Hecateu como primeiro historiador é uma concepção dos modernos, visto que, entre os antigos, Heródoto, ao lado de Tucídides, ocupa o posto de grande historiador do mundo antigo, ambos preocupados também com o estilo da narrativa. O autor lembra que Teofrasto, 372-287 a.C., registra que Heródoto e Tucídides foram os primeiros que ousaram tecer relatos refinados, com finalidade histórica. Nicolai lembra ainda que Cícero, *Da oratória*, XII, 39, retorma a discussão sobre a qualidade das narrativas desses dois historiadores, considerados também bons oradores. Enfim, o autor afirma que Teofrasto mostra quanto Heródoto e Tucídides se destacam dos anteriores, pela qualidade de seus registros e pelos seus notáveis estilos, e que Hecateu não figura entre os antigos como um historiador que mereça menção em suas análises.[3]

Para compor sua obra, Heródoto serve-se de uma metodologia de que não descarta a tradição oral, visto que registra aquilo

---

2. Arnaldo Momigliano. *The Classical Foundations of Modern Historiography*. Berkeley/Los Angeles/London: University of California Press, 1990. p. 36.

3. Roberto Nicolai. "Pater semper incertus. Appunti su Ecateo". *Quaderni Urbinati di Cultura Classica*. New Series, v. 56, n. 2, 1997. p. 144-145.

que ouviu, em geral, dos sacerdotes dos principais templos dos locais visitados, por julgá-los detentores de um saber incomum. A autoridade que ele confere a esses doutos, no entanto, não é incondicional, há vários momentos em que o historiador coloca em dúvida o que lhe foi dito e se contrapõe aos sacerdotes, apresentando argumentos, ora advindos de seu raciocínio, ora de provas que os desdizem. Dessa maneira, vemos outro elemento importante que fundamenta a narrativa herodotiana: o conhecer por ter visto, a sua conhecida *autópsia*. Sob essa perspectiva, a escrita de Heródoto segue um estilo teatral que não apenas relata, mas também traz imagens, alimentando o intelecto do seu ouvinte/leitor[4] com informações e seu imaginário, por meio de relatos míticos.

IV. A escrita multidisciplinar de Heródoto

Heródoto não descreve apenas as guerras entre helenos e persas. Sua narrativa espelha seu interesse pelos costumes dos povos, pela geografia, pelas práticas religiosas, por tudo o que compõe e forma um povo. Em razão disso, o autor de *Histórias* exibe um trabalho que vai além do de um historiador que registra os acontecimentos, que busca as causas dos fatos, que reflete sobre as ações dos agentes históricos. O seu ofício atinge o campo da antropologia, visto que atua como um etnógrafo, ao descrever rituais de enterramento, casamento, cultos religiosos, e ainda desempenha a função de etnólogo, ao centrar-se na análise comparativa dos povos, buscando em suas origens as explicações para suas diferenças culturais e históricas.

A arquitetura é outra área do conhecimento que Heródoto contempla, quando descreve as técnicas de construção de templos, canais, ilhas e edifícios, revelando-nos detalhes sobre os conhecimentos arquitetônicos dos antigos. As descrições dos

4. Utilizamos essa expressão por Heródoto ter lido parte de sua obra em público nas cidades de Atenas e Olímpia, portanto, por ter tido ouvintes, além de leitores.

territórios, com suas variações topográficas, climáticas e de vegetação, contidas nos relatos de Heródoto demonstram o seu trabalho de geógrafo, com sua contribuição para a geomorfologia dos territórios por onde passou; para a cartografia, com a reconstituição espacial de alguns locais desaparecidos; para a climatologia dessas regiões e a hidrografia, ao relatar a natureza de seus mares, lagos, rios e oceanos, demonstrando os recursos hídricos desses espaços.

Mas é a literatura que recebe o maior contributo de Heródoto, a começar por suas reflexões sobre o encaminhamento que Homero dá ao enredo da *Ilíada* quanto ao rapto de Helena como o argumento para a Guerra de Troia, visto que havia uma tradição que atestava que a rainha de Esparta não chegara a Troia, mas tinha ido para o Egito:

> Parece-me que também Homero conhecia esse relato; mas, porque não era conveniente para a sua epopeia, ele utilizou o outro relato, até o ponto em que lhe era permitido, mostrando que também conhecia essa história.[5] E isso é evidente, conforme ele compôs na *Ilíada*[6] (e em nenhum outro verso ele se retrata) sobre o desvio de Alexandre, que, quando ele retornava trazendo Helena foi desviado para outro território e que chegou a Sídon[7], na Fenícia. E é feita uma menção dele na *Aristeia*[8] de Diomedes[9]; e os seus versos dizem o seguinte:

---

5. Esta é a primeira crítica literária de que se tem notícia no mundo ocidental.

6. Homero. *Ilíada*, VII, 289.

7. A cidade de Sídon era um dos mais importantes entrepostos comercias da Fenícia.

8. Em grego, Ἀριστηίῃ (*Aristēíēi*) literalmente significa "altos feitos", "proezas". Trata-se do Canto V da *Ilíada*, no qual Homero narra as aventuras do herói Diomedes.

9. Filho de Tideu e de Deípile, Diomedes é um herói etólio, que participou da Guerra de Troia. Destaca-se como companheiro de Odisseu na maior parte de suas missões, dentre as quais duas foram mais importantes; a primeira delas foi convencer, com Odisseu, o rei Agamêmnon a sacrificar sua filha Ifigênia no porto de

De onde vinham os véus de ricos bordados, trabalhos das mulheres
sidônias, as que o próprio Alexandre, semelhante aos deuses,
trouxe de Sídon, navegando pelo vasto mar,
por seu percurso trazendo Helena de pai ilustre[10].

E ainda faz menção a isso na *Odisseia*, nos seus versos seguintes:

Tal remédio sábio teve a filha de Zeus,
eficaz, que lhe deu Polidama, esposa de Ton,
uma egípcia, campos que lhe produzem inúmeros
remédios, muitas misturas eficazes e outras muitas nocivas.[11]

E quando Menelau diz a Telêmaco[12] estas palavras:

No Egito, ainda ali os deuses me detinham, embora ansiasse
retornar, visto que não lhes sacrificara os cem bois perfeitos.[13]

Em tais versos, é evidente que ele conhecia o desvio de Alexandre para o Egito; pois a Síria faz fronteira com o Egito, e os fenícios, os que são de Sídon, habitam na Síria. Conforme esses versos, e por essa referência exata sobre esse território, é evidente que os versos de *Cantos Cíprios*[14] não são de Homero, mas de outro qualquer; pois, nos *Cantos Cíprios*, é relatado que Alexandre partiu de Esparta e chegou a Ílion no terceiro dia, trazendo Helena, servindo-se de um vento favorável e do

---

Áulis. A segunda, novamente ao lado de Odisseu, na ida ao acampamento do herói Aquiles para abrandar sua ira e fazê-lo retornar ao combate ao lado dos aqueus, outro nome dado aos helenos.

10. Homero. *Ilíada*, VI, 289-292. Pai ilustre porque Helena era filha de Zeus.

11. Homero. *Odisseia*, IV, 227-230.

12. Filho de Odisseu e de Penélope, deixado por seu pai em Ítaca, recém-nascido, quando o herói partiu para a Guerra de Troia.

13. Homero. *Odisseia*, IV, 351-352.

14. Os *Cantos Cíprios* foram compostos por Estasino de Creta, Hegésias de Salamina ou Cíprias de Halicarnasso. Tais cantos integram as obras poéticas conhecidas como os poemas épicos ou do ciclo épico, datados entre os séculos VII e VI a.C.

> mar calmo; e na *Ilíada* conta que ele foi desviado da sua rota quando a trazia. Então, demos adeus aos versos de Homero e aos dos *Cantos Cíprios*. (*Histórias*, II, 116-117)

Outro aspecto importante da contribuição literária de Heródoto é o de que ele inicia um novo gênero literário: a historiografia. *Histórias* representa a primeira obra extensa em prosa, pois, antes havia prosas curtas como *As fábulas* de Esopo, ou um pouco mais extensas como os discursos dos logógrafos, ou ainda as rapsódias, uma espécie de novela popular, datadas por volta do século VI a.C. Nos séculos anteriores, VII e VIII a.C., existiam apenas poesias épicas e líricas, que traziam alguns dados históricos, mas apenas como elementos que compunham uma arte, com estilo próprio e sem compromisso com a narrativa dos fatos. Assim, a narrativa de Heródoto expõe, de forma contínua, os acontecimentos históricos que envolveram as Guerras Persas, além de muitos outros anteriores ao conflito. A exposição sistemática, preocupada com a investigação dos fatos, na tentativa de obter a verdade dos acontecimentos, e o seu interesse na datação dos eventos constituem algo novo na produção literária da Hélade.

No entanto, o conteúdo do novo gênero literário apresentado por Heródoto não descarta o uso de elementos já consagrados pelos outros. Então, vemos a influência do gênero épico, por meio de Homero, não apenas na escolha da sua temática central, as Guerras Persas, ou seja, a descrição de um grande conflito envolvendo os helenos e os bárbaros, como fora a Guerra Troia, mas também nas descrições que Heródoto faz dos exércitos, dos seus armamentos, das suas estratégias militares. Além disso, o estilo de sua narrativa, próximo ao de Homero, também merece o seu lugar nas exegeses literárias, conforme Dezotti aponta:

> Os antigos eram unânimes em louvar as excelências do estilo de Heródoto. Segundo Luciano de Samósata (*Heródoto ou Étion*, 1), já na primeira apresentação pública que Heródoto teria feito de sua obra durante os Jogos Olímpicos, os ouvintes foram tomados de encantamento

> como se tivessem ouvido um poema inspirado pelas Musas. Heródoto teria buscado a notoriedade, apresentando-se em Olímpia "não como espectador, mas como competidor, cantando (ᾄδων) as histórias e encantando os presentes, a ponto de os livros dele receberem os nomes das Musas, sendo elas também nove".
>
> Note-se um detalhe importante: Luciano diz que Heródoto *cantava* as histórias. Tal performance pressupõe para o texto de Heródoto uma qualidade poética que remete aos poemas épicos. Essa aproximação entre Homero e Heródoto já tinha sido feita, no século I a.C., por Dionísio de Halicarnasso, historiador e também professor de retórica. No capítulo 3 do tratado *Sobre o Arranjo das Palavras*, Dionísio considera o estilo de Heródoto modelar, como o de Homero. Para ele, o fascínio de um texto, em versos ou em prosa, dependia não da seleção das palavras, e sim da bela harmonia resultante do arranjo agradável e magnífico das palavras.[15]

O gênero fabular também é encontrado em sua narrativa, na qual até faz menção a um episódio da vida de Esopo, quando ele conta o episódio de uma famosa cortesã trácia que adquire fama e dinheiro no Egito, como vemos a seguir:

> Rodópis era nascida na Trácia[16] e escrava de Iádmon, filho de Hefestópolis, um homem sâmio, escravo companheiro

15. Maria Celeste Consolin Dezzoti. Prefácio. In: *Da malícia de Heródoto*. (Edição bilíngue). Estudo, tradução e notas de Maria Aparecida de Oliveira Silva. São Paulo: Edusp, 2013. p. 13-14.

16. Região situada na parte sudoeste da Grécia, integrava o Império Persa desde 512 a.C., quando o general Megabizo a conquistou para o rei Dario I.

> de Esopo[17], o compositor de fábulas. De fato, Esopo era propriedade de Iádmon, como comprovado neste acontecimento nada insignificante: depois de os delfos, muitas vezes, terem anunciado, por meio de arautos, as palavras que vieram do oráculo, para quem quisesse receber uma recompensa para tirar a vida de Esopo, nenhum outro apareceu além de Iádmon, o neto do outro Iádmon, que o matou. Assim também Esopo era propriedade de Iádmon. (*Histórias*, II, 134-135)

Ademais, uma fábula atribuída a Esopo também compõe a narrativa de Heródoto, quando o historiador registra o seguinte episódio:

> Iônios e eólios, quando os lídios rapidamente foram conquistados pelos persas, enviaram mensageiros para Sárdis, ao palácio de Ciro, querendo estar nas mesmas circunstâncias que estavam quando eram súditos de Ciro. Depois de ouvir as coisas que eles lhe propunham, ele respondeu-lhes com uma fábula: conta-se que um flautista, quando viu peixes no mar, começou a tocar, pensando que eles saltariam na terra. Porque foi enganado por sua esperança, pegou uma rede, jogou-a e puxou um grande número de peixes, quando os viu agitando-se vivamente, ele então disse aos peixes: "Parai de dançar para mim, visto que não quisestes saltar, dançantes, para mim quando eu toquei minha flauta". Ciro contou essa fábula aos iônios e eólios por causa do seguinte: porque os iônios primeiro, quando o próprio Ciro pediu-lhes, por meio de mensageiros, que se revoltassem contra Creso, eles não se persuadiram, mas, nesse momento, porque os acontecimentos já se encontravam concluídos, estavam dispostos a obedecer Ciro. Ele, tomado pela cólera, disse-lhes essas coisas. E os iônios, porque ouviram essas palavras,

17. Fabulista grego nascido talvez em Samos, pois não se sabe ao certo o local de seu nascimento. Esopo viveu entre os séculos VII e VI a.C., sendo assassinado em Delfos, conforme veremos adiante no relato herodotiano.

> quando retornaram para sua cidade, cercaram-na com muralhas. (*Histórias*, I, 141)

Essa fábula contada por Ciro remete-nos a esta de Esopo, intitulada "O Pescador que Tocava Flauta":

> Um pescador, hábil na arte de tocar flauta, pegou suas flautas e redes e foi para o mar. Instalado sobre uma rocha proeminente, começou a tocar, imaginando que os peixes viriam por si mesmos saltando até ele, atraídos pelo som agradável. Mas, embora tivesse insistido bastante, não obteve sucesso. Então se desfez das flautas, pegou a rede, lançou-a na água e pescou muitos peixes. Depois, retirou-os das malhas, sobre a praia, e ao ver que eles estavam pulando disse: "Ô, bichos miseráveis, quando eu tocava flauta vocês não dançavam, e agora que eu parei estão fazendo assim!?". (*Fábula 303*)[18]

O estilo trágico de Heródoto é perceptível na sua descrição da morte do filho de Creso, pois este recebeu um oráculo que o advertia sobre a morte do filho que aconteceria por meio da ponta de um ferro. Desde então, o rei proibiu o filho de guerrear e caçar, além de tê-lo casado para garantir herdeiros e a sua permanência no palácio. No entanto, como em uma tragédia, o destino do homem não escapa aos desígnios dos deuses; esse episódio é narrado dos capítulos 34 a 46 do Livro I, mas o seguinte capítulo sintetiza os fatos:

> E Creso, perturbado com a morte do filho, mais intensamente se lamentou, porque quem o havia matado tinha sido por ele mesmo purificado de um assassinato. Consternado pelo infortúnio, terrivelmente clamou por Zeus Catársio, que fosse testemunha de como estava sofrendo pelas ações do seu hóspede; e clamou por Zeus

---

18. Tradução de Maria Celeste Consolin Dezotti. In: *Esopo. Fábulas completas*. São Paulo: Cosac Naify, 2013.

> Epístio e por Zeus Hetairo, ele mesmo nomeou assim o deus, um chamando-o Epístio, porque havia habitado em seu palácio, advertindo-o de que não lhe passasse despercebido que seu hóspede, que fora alimentado por ele, era o assassino de seu filho; e o outro, Hetairo, porque tinha sido enviado como protetor e havia descoberto que ele era o seu maior inimigo.[19] (*Histórias*, I, 44)

Portanto, a narrativa herodotiana traz ao leitor uma riqueza de gêneros literários e de informações de várias áreas que cativam, que tornam o relato interessante e capaz de deter a atenção daquele que entra em contato com suas *Histórias*. Não por acaso, Plutarco inicia o seu tratado *Da malícia de Heródoto*, afirmando que o discurso de Heródoto é: "simples e fácil", *aphelễs kaì díkha pónou* (ἀφελὴς καὶ δίχα πόνου) (854E), no sentido de que é compreendido e apreendido sem esforço, conforme notou Grant, por conta de sua escolha de palavras agradáveis, uma escrita simples e clara, com muita arte,[20] e ainda acrescentamos que isso também é por causa de o relato conter informações aprazíveis ao ouvinte/leitor.

V. Da Tradução

Esta edição de *Histórias* está dividida em nove volumes, não apenas pela extensão dos livros de Heródoto, que, por si só, justificaria uma edição em volumes, mas por conta de essa tradução trazer notas explicativas que contemplam várias áreas do conhecimento, pois anotam questões literárias, míticas, históricas, geográficas e filológicas. A principal finalidade dessas notas é aproximar o leitor da narrativa de Heródoto, colocando-o em um posto confortável, para que sua atenção não seja dispersada com a consulta de uma

---

19. As referências dos nomes citados estão nas notas explicativas do referido capítulo neste Livro I.

20. Michael Grant. *Greek & Roman Historians: information and misinformation*. London/New York: Routledge, 1997. p. 6.

literatura de apoio e ainda lhe propicie um entendimento maior e mais rápido do que está sendo lido.

A tradução foi realizada diretamente do texto grego, cuja estrutura sintática buscamos preservar na medida do possível na língua portuguesa. Do mesmo modo, procuramos manter o estilo discursivo de Heródoto, a fim de que o leitor conheça não somente o seu modo de expressão, mas também de pensar. No entanto, houve algumas poucas variações, para que o texto na língua portuguesa se tornasse inteligível, uma vez que nem sempre o texto grego, quando traduzido literalmente, oferece compreensão ao leitor. A tradução de *Histórias* apresentada nesses nove volumes tem como texto-base a *Coleção Guilhaume Budé*, com tradução, introdução e notas de Ph.E. Legrand, *Hérodote. Histoires*, 9 vols. Paris: Les Belles Lettres, 1:1932; 2:1930; 3:1939; 4:1960; 5:1946; 6:1948; 7:1951; 8:1953; 9:1954 (repr. 1:1970; 2:1963; 3:1967; 5:1968).

Maria Aparecida de Oliveira Silva

Introdução ao Livro I - Clio

No Prólogo de *Histórias*, Heródoto declara a finalidade de sua obra:

> Esta é a exposição da investigação de Heródoto de Túrio[21], para que os acontecimentos passados não sejam extintos entre os homens com o tempo, e para que os feitos[22] grandiosos e maravilhosos, uns realizados por helenos e outros por bárbaros, não fiquem sem glória, e expor os motivos pelos quais guerrearam uns contra os outros (*Histórias*, I, Prólogo).

Assim sendo, o ouvinte/leitor, como nos poemas épicos, estava ciente da matéria a ser desenvolvida em sua narrativa, portanto, o que trataria das guerras ocorridas entre helenos e bárbaros, no caso, as Guerras Persas.[23] Percebemos, então, que Heródoto transforma o seu escrito em um espaço de memória, a fim de que os acontecimentos não se percam com o tempo, dado que revela o enfraquecimento da tradição oral em sua época, ou ainda a percepção do historiador de que o relato oral transforma e reinventa as histórias, daí a necessidade de um relato estabelecido por palavras escritas, menos passível de mudanças e de rearranjos como os relatos orais, o que garante certa permanência do seu conteúdo.

Em seguida, Heródoto traça uma relação de causas e efeitos para explicar as inimizades entre os helenos e os bárbaros, por intermédio dos raptos de mulheres. É interessante notar que os relatos dos raptos de ambas as partes tratam de mulheres pertencentes à narrativa mítica, como Io, Medeia, Europa, Helena. A realidade histórica e a mítica convivem no relato herodotiano, como se o homem de seu tempo atuasse permeado por um imaginário mítico que não está dissociado

21. Consultar a nota da tradução.

22. O termo grego empregado é τὰ ἔργα (*tà érga*), neutro plural de τὸ ἔργον (*tò érgon*), vocábulo analisado por Licciardi pela sua riqueza de significado na escrita de Heródoto, que pode significar "feito", "ação", "empresa", "trabalho", "produto final de um trabalho". Sobre essas definições, consultar Caterina Licciardi, "Valori di ergon in Erodoto", *Quaderni Urbinati di Cultura Classica*. v. 37, n. 1, 1991. p. 74.

23. E, como na poesia lírica, o historiador registra o seu nome e sua origem, tal Hecateu de Mileto.

dos fatos. Assim, o mito em Heródoto assume uma materialidade que o coloca no plano do racional. Do mesmo modo, os oráculos[24] registrados em sua narrativa atuam como causas das ações dos agentes históricos, manifestando a vontade divina sobre o pensamento do homem, uma vez que este não consegue se desvencilhar do quinhão que lhe fora reservado pelo divino. Então, na narrativa herodotiana, os deuses agem dentro de uma lógica histórica na qual uma parcela da história humana está marcada pela vontade divina, em grande parte atuando como juiz da história, dado que ela surge como uma punição pela soberba humana, e a vontade humana atua quando os deuses não se manifestam por meio dos oráculos.

Ao contrário do esperado pelo seu ouvinte/leitor, o historiador não segue sua narrativa contando os fatos das Guerras Persas, mas realiza uma digressão sobre a história da Ásia Menor, começando pela Lídia, com a história do seu rei Creso; depois, relata a história do seu dominador Ciro, o rei persa, que subjugou a Babilônia. Terminadas as narrativas dos episódios de conquista e de revezes de Creso e Ciro, Heródoto dedica-se ao seu longo relato sobre a geografia e a história dos lídios, massagetas, citas e outros. Em um estilo de relato que Hartog chama de "representação do outro", porque nos permite ver como os helenos do período clássico viam o bárbaro, e como ele sintetiza: "As *Histórias* são decerto este espelho no qual o historiador não cessou jamais de olhar, de interrogar-se sobre sua própria identidade: ele é esse que olha e é olhado, questionador-questionado"[25].

O episódio mais emblemático do contato do heleno com o outro em Heródoto está no encontro de Creso com Sólon, segundo o historiador, "para ver o mundo, Sólon ficou ausente da sua pátria e partiu para o Egito, para a corte de Amásis, além de ir para Sárdis, à corte de Creso" (*Histórias*, I, 30), fato que demonstra o hábito dos helenos de viajar e conhecer outros territórios, outras culturas,

---

24. A importância dos oráculos na narrativa herodotiana é estudada por Kindt, que faz um estudo de caso dos episódios envolvendo Creso e os oráculos. Consultar Julia Kindt, "Delphic Oracle Stories and the Beginning of Historiography Herodotus' Croesus Logos", *Classical Philology*. v. 101, n. 1, 2006. p. 34-51.

25. François Hartog. *O espelho de Heródoto:* ensaio sobre a representação do outro. Tradução de Jacyntho Lins Brandão. Belo Horizonte: Editora UFMG, 1999. p. 38.

para que se tornassem mais sábios. Tal sabedoria se espelha no seguinte diálogo:

> Creso perguntou: "Hóspede ateniense, muitas histórias sobre ti chegam até nós, por causa da tua sabedoria e da tua peregrinação, que em busca do saber foste a muitas terras para ver o mundo; agora, veio-me o desejo de perguntar-te se alguém dentre todos que já viste é mais feliz". E ele, esperando que fosse o mais feliz dos homens, perguntou-lhe isso, e Sólon em nada o adulando, mas, na realidade, sendo-lhe útil, respondeu: "Ó rei, o ateniense Telo" (*Histórias*, I, 30).

E assim Creso seguiu perguntando a Sólon sobre quem ele considerava mais feliz, sem que o ateniense o considerasse o mais feliz dos homens, e por fim respondeu-lhe que:

> Creso, um homem é em tudo vicissitude. Para mim, tu pareces que és muito rico e rei de muitos homens; e sobre aquilo que me perguntaste, eu não te responderei antes de ser informado se terminaste bem a tua vida. Pois o homem muito rico não é mais feliz do que aquele que tem algo para o dia de hoje, a não ser que a sorte lhe conduza para ter todas as belas coisas e terminar bem a sua vida (*Histórias*, I, 32).

Conforme Ker, as perguntas de Creso, em Heródoto (*Histórias*, I, 29-30), demonstram a capacidade de Sólon de observar (*theôrien*) o lugar sob a perspectiva de um olhar intelectual, de um sábio que conheceu vários territórios e que apresenta uma sabedoria extraordinária. Do mesmo modo, Heródoto demonstra que a concepção de observação (*theôria*) do rei Creso está equivocada, uma vez que a direciona para sua riqueza, para o mundo tangível, em contraposição ao inteligível, que representa a sabedoria adquirida pela observação que alimenta o conhecimento[26]. Por sua vez, Pelling acrescenta que o episódio revela uma postura moralizante de Sólon, que pretende

---

26. J. Ker. "Solon's *Theôria* and the End of the City." *Classical Antiquity*. v. 19, n. 2, 2000. p. 311-312.

dar ao rei uma lição sobre a vulnerabilidade de sua prosperidade, dado que Creso será capaz de compreender somente após os acontecimentos[27]. Sob outra perspectiva, Shapiro acrescenta que esses conceitos de efemeridade humana, instabilidade dos deuses e inveja divina repetem um pensamento já existente no período arcaico, e que Heródoto apenas os justapõe em sua narrativa[28].

O *Livro I – Clio* das *Histórias* de Heródoto despertou atenção de Jong quanto ao seu conteúdo, por conta de sua característica narratológica, que o aproxima de um romance. Dessa maneira, a autora argumenta que o relato histórico de Heródoto representa uma narrativa romanceada que o torna uma narratologia historiográfica característica do mundo antigo, que se diferencia da moderna por trazer discursos e diálogos, elementos que não estão incorporados à narratologia de nosso tempo. No entanto, ambos têm como finalidade o registro dos acontecimentos e a crítica de suas causas e efeitos e ainda não se distanciam das verdades históricas, apenas apresentam forma e conteúdo diferentes[29].

Outro aspecto interessante apontado por MacWilliams é que, desde o primeiro livro da obra herodotiana, é possível notar que os estrangeiros, ou bárbaros, como os helenos os chamavam, interagem com os helenos, estabelecem acordos políticos e se influenciam mutuamente, em particular, nas suas práticas culturais[30]. No seu entender, Heródoto não trata o estrangeiro como um ser à parte, diferente, que deve, portanto, ser afastado do convívio com os helenos,

---

27. Christopher Pelling. "Talking and Learning in Herodotus' Lydian Logos." *Classical Antiquity*. v. 25, n. 1, 2006. p. 146.

28. Susan Shapiro. "Herodotus and Solon." *Classical Antiquity*. v. 15, n. 2, 1996. p. 349-350.

29. Irene J. F. de Jong. "Narratologia e storiografia: Il racconto di Atys e Adrasto in Erodoto 1, 34-45." *Quaderni Urbinati di Cultura Classica*. New Series, v. 80, n. 2, 2005. p. 88 e 95.

30. Romilly nos apresenta outra perspectiva sobre a visão herodotiana dos bárbaros. A autora salienta a imagem do bárbaro rico em contraposição ao heleno pobre, a liberdade de expressão do heleno em oposição à obediência incondicional do bárbaro, entre outros. Consultar Jacqueline de Romilly, "Les Barbares Dans la Pensée de la Grèce Classique." *Phoenix*, v. 47, n. 4, 1993. p. 284-286.

mas, pelo contrário, o nosso historiador demonstra simpatia pelo hibridismo cultural e político entre helenos e bárbaros, principalmente pelos egípcios. Além disso, a autora lembra que não por acaso, Plutarco chama-o de filobárbaro, *filobárbaros*, (φιλοβάρβαρος)[31]. Por seu contato com diferentes povos bárbaros, Cartledge compara Heródoto a Odisseu, o herói heleno que conheceu muitas terras e muitos costumes[32].

31. A autora refere-se ao tratado plutarquiano *Da malícia de Heródoto*, 857A. Susan MacWilliams. "Hybridity in Herodotus. Political Research." *Classical Quarterly*. v. 66, n. 4, 2013. p. 746.

32. Paul A. Cartledge. "Taking Herodotus Personally." *The Classical World*. v. 102, n. 4, 2009. p. 371-372.

Livro I

PRÓLOGO

Esta é a exposição da investigação de Heródoto de Túrio[1], para que os acontecimentos passados não sejam extintos entre os homens com o tempo, e para que os feitos grandiosos e maravilhosos, uns realizados por helenos e outros por bárbaros[2], não fiquem sem glória, e expor os motivos pelos quais guerrearam uns contra os outros.

1. Entre os persas, os versados em história dizem que os fenícios[3] foram os responsáveis pela discórdia; vindos do mar chamado Eritreu[4], chegaram a este mar e fundaram colônias nesta região que ainda hoje habitam, e logo dedicaram-se às navegações de longa distância, levando suas mercadorias egípcias e assírias, e chegaram a outras regiões atingindo Argos[5]; e nessa época Argos se destacava em tudo na região que hoje chamamos

---

1. Cidade da Península Itálica. Há edições que trazem grafado Halicarnasso, em vez de Túrio. Em seu tratado *Do Exílio*, Plutarco já identifica essa duplicidade nas informações e oferece a seguinte explicação: "Isto de 'esta é a exposição da investigação de Heródoto de Halicarnasso' muitos transcrevem 'Heródoto de Túrio', pois emigrou para Túrio e daquela colônia foi um fundador", consultar: *Do exílio*, 604F. Interessante notar que Aristóteles cita a mesma passagem que lemos nesta tradução: *Hērodótou Thouríou hḗd' historíēs apódeiksis* (Ἡροδότου Θουρίου ἥδ' ἱστορίης ἀπόδειξις) "Esta é a exposição da investigação de Heródoto de Túrio", que também identifica Heródoto como originário de Túrio. Convém ressaltar que há apenas uma diferença na colocação do pronome indicativo, que em vez de estar grafado no fim da frase, como em Heródoto, o filósofo o coloca na penúltima posição, o que não altera em nada o seu significado; consultar: *Da arte retórica*, 1409a28.

2. Para os helenos, os bárbaros eram qualquer povo que não falava a sua língua, por conseguinte, os que não eram helenos. Como eles não entediam a língua dos povos bárbaros, diziam que esses indivíduos falavam *bar bar bar*.

3. Povo oriundo da Fenícia, os fenícios tornaram-se famosos por suas colônias e seu grande desenvolvimento comercial. Além disso, dentre suas várias invenções, destacamos o sistema de escrita que deu origem ao alfabeto heleno e às birremes, naus com duas fileiras de remos, precursoras das trirremes helenas.

4. Mar que banhava a região da Eritreia, famosa por seus recursos minerais; o Mar Eritreu hoje recebe o nome de Mar Vermelho.

5. Cidade situada na península do Peloponeso. Argos rivalizou em comércio com a Fenícia e durante muito tempo foi a primeira cidade do Peloponeso, até a ascensão de Esparta, no século VI a.C.

Hélade[6]. Quando os fenícios chegaram a Argos, expuseram sua carga para a venda. No quinto ou sexto dia desde que chegaram, quando eles tinham vendido quase todas as suas mercadorias, vieram à beira do mar muitas mulheres, entre elas, a filha do rei; segundo eles mesmos e os helenos dizem, seu nome era Io[7], filha de Ínaco[8]. Elas se posicionaram ao lado da popa da nau para comprar as mercadorias deles, as que tivessem mais vontade, e os fenícios encorajaram-se uns aos outros a capturá-las. Então, a maioria das mulheres escapou, mas Io, com outras, foi raptada; e eles a jogaram na nau e partiram, navegando,

2. para o Egito. Assim, os persas relatam que Io chegou ao Egito[9], mas não os helenos, e que isso deu início à primeira das injustiças cometidas; depois, contam que alguns helenos (pois eles não sabem dizer seus nomes) atracaram em Tiro[10], na Fenícia[11], e raptaram a filha do rei, Europa[12]; e esses poderiam ser cretenses. Neste ponto, então,

---

6. Os helenos antigos se reconheciam como helenos e sua região era chamada de Hélade, pois eram descendentes de Heleno, filho de Deucalião e Pirra. Heleno e Grécia são nomes dados pelos conquistadores romanos.

7. Filha de Ínaco, rei de Argos, raptada pelos fenícios. Trata-se de uma personagem mítica, que despertou o amor de Zeus. Para escapar ao ciúme descontrolado de Hera, o pai dos homens e dos deuses transformou-a em uma novilha e entregou-a ao pastor Argos. Mas a perseguição continuou e, em seu movimento de fuga, Io alcançou o Egito e lá foi cultuada por eles com o nome de Ísis. Consultar: Apolodoro, *Biblioteca*, II, 1.1-3.

8. Rei mítico de Argos. Acreditava-se que era um deus-rio da Argólida casado com Mélia, filha de Oceano. Consultar: Apolodoro, *Biblioteca*, II, 1.1.

9. Império situado no norte da África, estima-se que tenha sido fundado em 3.150 a.C. pelo rei Menes. O contato entre helenos e egípcios é atestado por relatos de viagens feitas pelos seus sábios à terra dos faraós, como Tales de Mileto, Pitágoras e outros, no século VII a.C. O intercâmbio cultural e econômico entre helenos e egípcios foram intensificados somente depois da conquista de Alexandre, o Grande, em 332 a.C., e mais tarde com a tomada do poder por Ptolomeu e seus descendentes.

10. Antiga cidade do Mar Mediterrâneo situada na Fenícia, cujas atividades comerciais eram intensas.

11. Região da Ásia, localizada próxima à atual ilha de Chipre, antiga Cipro, cuja atividade principal era o comércio. Três de suas cidades se destacavam nessa atividade: Tiro, Sídon e Biblos.

12. Filha de Agenor e Telefaassa. Apesar do relato de Heródoto dar conta desse rapto, há o mito de que Zeus viu Europa com suas companheiras na praia de Tiro

eles ficaram em condições de igualdade; pois, os helenos foram os culpados pela segunda injustiça. Navegaram em uma extensa nau para Aia[13], em colcos[14], e o Rio Fásis[15], lá, ao concluírem seus afazeres e outras coisas em razão das quais haviam vindo, raptaram a filha do rei, Medeia[16]. Quando o rei dos colcos enviou um arauto[17] à Hélade para pedir satisfação pelo rapto e exigir a restituição de sua filha; eles lhe responderam que aqueles não foram punidos por eles

3. pelo rapto da argiva Io; portanto, eles mesmos nada concederiam aqueles ali. Eles contam que, depois disso, na segunda geração, Alexandre[18], filho de Príamo[19], ao ouvir isso, quis ter uma mulher da Hélade por meio do rapto, completamente ciente de que não receberia punição; pois aqueles não a permitiram. Assim, nesse momento, após raptar Helena, os helenos decidiram primeiro enviar um mensageiro para exigir sua restituição e pedir satisfação pelo rapto. Quando fizeram essas proposições, alegaram o rapto de Medeia, que

---

e ficou apaixonado por sua beleza. Então, transformou-se em um touro branco resplandecente, que atraiu a atenção da jovem; em seguida, levou-a para a ilha de Creta e a possuiu na fonte da cidade de Gortina. Da relação amorosa com Zeus, Europa teve três filhos: Minos, Sarpédon e Radamanto.

13. Região costeira localizada em colcos.

14. Cidade localizada às margens do Mar Negro, na região do Cáucaso, de colonização ciméria e cita.

15. Rio localizado em uma cidade homônima, que foi colonizada por habitantes da cidade de Mileto no século VII a.C. Apolônio de Rodes relata que o herói Jasão navegou por suas águas durante a sua aventura em busca do Velo de Ouro. Consultar: *Argonáutica*, II, 401.

16. Filha de Idia e do rei Eetes da Cólquide, também há a versão de que é filha de Hécate, patrona das feiticeiras. Medeia era ainda sobrinha da feiticeira Circe. A filha do rei apaixonou-se pelo heleno Jasão e com ele viveu intensas aventuras e amarguras, as quais são narradas na peça *Medeia,* de Eurípides.

17. Mensageiro oficial que anunciava as decisões tomadas pelos governantes e comandantes de guerra.

18. O primeiro nome de Páris, filho mais novo do rei Príamo, que raptou Helena de Esparta e levou-a para Troia, fato que desencadeou a guerra entre helenos e troianos narrada em *Ilíada,* de Homero.

19. Rei de Troia, casado com Hécuba, e pai dos heróis Páris e Heitor.

eles mesmos não foram punidos, nem a devolveram; mesmo eles tendo pedido satisfação, queriam que eles sofressem punições da

4. parte deles. Portanto, até esse ponto, eram somente raptos de um lado e do outro. A partir de então, os helenos foram bastante culpados, pois começaram uma expedição militar contra a Ásia antes que os persas fossem contra a Europa. Raptar mulher era um feito considerado próprio dos homens injustos, mas considerar vingarem-se seriamente pelas que foram raptadas é insensatez, os prudentes não têm nenhuma consideração pelas que foram raptadas; pois é evidente então que, se elas mesmas não o quisessem, não teriam sido raptadas. Os persas, então, contam que os que são provenientes da Ásia não se importam com os raptos das suas mulheres, e que os helenos, por causa de uma mulher lacedemônia, reuniram um grande exército, depois partiram para a Ásia e destruíram o poder de Príamo. A partir disso, o povo helênico sempre foi considerado por eles como inimigo. Os persas pensam que a Ásia e os povos bárbaros que nela habitam são suas propriedades, e que o povo helênico está à parte.

5. Assim, os persas dizem o que aconteceu e que descobriram que a captura de Ílion[20] foi a origem da inimizade deles para com os helenos. A respeito de Io, os fenícios não concordam tanto com os persas; pois dizem que eles a levaram não por rapto, mas por necessidade ao Egito, porque ela teve relações sexuais em Argos com o armador da nau; depois de ter notado que estava grávida, por ter vergonha de seus pais; nesse momento, ela quis zarpar com os fenícios, para que não fosse descoberta. E persas e fenícios contam isso. Eu, pelo menos, a respeito disso, não vou dizer que foi assim ou de outro modo, eu mesmo sei quem foi o primeiro a começar a cometer ações injustas contra os helenos. Após demonstrar isso, irei adiante na minha história, igualmente percorrendo as pequenas e grandes cidades dos homens. Pois as que antigamente foram grandes, a maioria delas, tornaram-se pequenas; e as que eram grandes na minha época antes eram pequenas. Ciente de que a prosperidade humana de modo algum permanece na mesma situação, trarei igualmente ambas à memória.

---

20. Outro nome dado à cidade de Troia, daí o título de a obra homérica ser *Ilíada*.

6. Creso[21] era de origem lídia, filho de Aliates[22] e rei[23] dos povos do lado de dentro do Rio Hális[24], que corre do sul entre a Síria[25] e a Paflagônia[26] e se lança na direção do vento norte, no chamado Ponto Euxino[27]. Esse Creso foi o primeiro bárbaro, dentro do que nós sabemos, que submeteu alguns helenos ao pagamento de tributo, e a outros tornou seus amigos. Subjugou iônios[28], eólios[29]

---

21. Rei da Lídia entre 560-546 a.C., sucedeu seu pai, Aliates, e deu prosseguimento à conquista da Iônia. Mantinha amizade com os helenos, além de ser benfeitor do oráculo de Delfos, sendo também assíduo consulente da Pitonisa. Perdeu seu reino em uma guerra contra Ciro, rei da Pérsia. Segundo Heródoto, após ter gritado o nome de Sólon quando estava na fogueira, Ciro ordenou sua retirada da pira e ouviu seu relato. Admirado pela sapiência de suas palavras, manteve-o vivo e nomeou-o seu conselheiro. Consultar: *Histórias*, I, 86.

22. Quarto rei da Lídia, reinou de 600 a 560 a.C., Aliates ficou conhecido por seus sucessivos saques à cidade de Mileto e, principalmente, por ter assegurado a hegemonia da Lídia na região, sendo um dos reis mais bem-sucedidos da dinastia dos Mérmnadas.

23. Heródoto utiliza o termo *týrannos* (τύραννος), habitualmente traduzido por tirano, porque indica uma soberania no exercício do poder. Percebemos aqui que o autor atribui o título ao lídio, tendo como modelo a tirania, o regime político dos helenos anterior ao recente governo democrático que ele vivencia. No entanto, vemos adiante que Heródoto se serve também do vocábulo *basileùs* (βασιλεὺς), que significa rei, para referir-se aos soberanos lídios. Por exemplo, no capítulo 7, ele afirma que Candaules era "tirano dos sardianos", *týrannos Sardíōn* (τύραννος Σαρδίων), já no fim do capítulo, relata que Candaules foi o último "rei dos Heraclidas", *Herakleidéōn basileús* (Ἡρακλειδέων βασιλεύς).

24. Depois da batalha do Rio Hális entre medos e lídios, datada entre os séculos VII e VI a.C., ficou decidido que os reinos seriam divididos por esse rio; por ter a forma de uma curva, uma espécie de C; por isso, Heródoto fala em povos que habitavam no lado de dentro do rio.

25. A Síria, que era formada basicamente por assírios e arameus, também foi ocupada pelos persas e, posteriormente, por Alexandre, o Grande.

26. Antiga região do Mar Negro em que estavam situadas a Anatólia, a Bitínia, o Ponto e a Frígia.

27. O Mar Negro era, originalmente, chamado de Ponto Euxino.

28. Provenientes da Iônia, que era uma região de colonização helena, situada na costa Anatólia, banhada pelo Mar Egeu.

29. Provenientes da Eólia, região noroeste da Ásia Menor, na costa da Anatólia, banhada pelo Mar Egeu, de colonização helena.

e dórios[30] da Ásia, enquanto tornou os lacedemônios seus amigos. Antes do reinado de Creso, todos os helenos eram livres. Pois o exército dos cimérios[31] que invadiu a Iônia, que nela era mais antigo que o de Creso, não promoveu a submissão das cidades, mas de surpresa fazia sua pilhagem.

7. E a hegemonia, que era dos Heraclidas[32], assim chegou à descendência de Creso, os chamados Mérmnadas[33]. Candaules[34], que os helenos chamavam de Mirsilo[35], era rei dos sardianos, descendente de Alceu[36], filho de Héracles[37]. Ágron[38], filho de Nino[39], filho de Belo[40], filho de Alceu, foi o primeiro rei dos Heraclidas, e Candaules, filho de Mirso,

---

30. Provenientes do norte da Hélade, os dórios estabeleceram-se na região do Peloponeso, na ilha de Creta, na Magna Grécia e em algumas ilhas do Mar Egeu.

31. Originários da região do Cáucaso, os cimérios foram expulsos pelos citas por volta do século XII ou XIII a.C., mas somente no século VII a.C. é que se estabeleceram na Anatólia.

32. Não se trata apenas dos filhos do herói heleno Héracles, mas também de todos os seus descendentes. Quanto à origem de Héracles, no Livro II, 145-146, Heródoto atribui-lhe uma descendência asiática, versão que é criticada por Plutarco em *Da malícia de Heródoto*, 857E. Assim, os Heraclidas citados neste capítulo são os oriundos dessa região, e não os da Hélade, como se poderia pensar em um primeiro momento.

33. Dinastia dos Mérmnadas na Lídia, cujo seu primeiro representante foi Giges, 680-644 a.C., seguido por Árdis, 644-625 a.C., Sadiates, 625-600 a.C., Aliates, 600-560 a.C., e Creso, 560-547 a.C.

34. Rei de Sárdis, século VI a.C., filho de Mirso.

35. Nome que, literalmente, significa "filho de Mirso".

36. Filho de Héracles e de uma escrava de Iárdano.

37. Filho de Zeus e Alcmena, são inúmeras as histórias que envolvem o herói heleno; dentre as mais famosas, está o ciclo dos Doze Trabalhos, façanhas executadas por determinação de seu primo Euristeu, como expiação pelo assassinato dos filhos que gerara com Mégara. Plutarco compôs uma biografia sobre o herói da qual nos resta apenas um fragmento recolhido por Robert Flacelière (fr. 8 Fl.).

38. Conhecido apenas por ser filho de Nino, como relata Heródoto.

39. Mítico herói fundador da Nínive, situada às margens do Rio Tigre, na região da Assíria.

40. Mítico herói fundador da Babilônia, localizada na Mesopotâmia, a região "entre rios", a saber, entre o Rio Tigre e Eufrates.

o último. O primeiro, Ágron, e os que reinaram nessa região eram descendentes de Lido[41], filho de Átis[42]. Graças a ele, todo esse povo é chamado de lídio, antes era chamado de meônios. Da parte desses, os Heraclidas são descendentes, nascidos de uma escrava[43] de Iárdano[44] e de Héracles, e receberam o poder por causa de um oráculo, governando por vinte e duas gerações de homens, por quinhentos e cinco anos, com o filho sucedendo o pai no poder até Candaules, filho de Mirso.

8. Esse Candaules, então, amava apaixonadamente sua mulher; por ser um amante apaixonado, considerava que sua mulher era muito mais bela que todas. Como consequência de considerar isso, porque Giges, filho de Dascilo[45], era o preferido dos seus guarda-costas lanceiros, Candaules contava os assuntos mais sérios para esse Giges. Além disso, elogiava em excesso a beleza de sua mulher. Não se passou muito tempo, pois Candaules precisava estar em má situação,[46] ele disse para Giges o seguinte: "Giges, penso que tu não acreditas em mim quando falo sobre a beleza da minha mulher (pois sucede aos homens de os ouvidos serem mais incrédulos que os olhos), atua de modo que a vejas nua". E ele, em alto brado, disse: "Senhor, por que proferes uma ordem que não é sensata, estás me ordenando que veja a minha senhora nua? Quando a túnica é retirada, ao mesmo tempo, despoja-se a mulher de seu pudor. Há muito tempo, belas máximas foram inventadas pelos homens, e devemos aprender com elas; entre elas, há uma, que é esta: 'deve-se ver o que é seu'. Eu mesmo estou convencido de que ela é a mais bela de todas as mulheres, e

---

41. Epônimo dos lídios, filho de Átis, reinava antes da chegada dos Heraclidas.

42. Rei mítico da Lídia durante o período precedente à tomada do poder pela família dos Heraclidas.

43. O nome da escrava é Ônfale, cuja interpretação corrente é a de que era rainha da Lídia e filha de Iárdano.

44. Apesar dessa versão de Heródoto, a tradição atesta que Iárdano era pai de Ônfale, a tal escrava. Além de ser o rei da Lídia, era identificado como um poderoso mago.

45. Personagem que tem o mesmo nome do filho de Tântalo, um rei mítico da Lídia, provavelmente um dos seus descendentes.

46. Heródoto refere-se ao destino reservado a Candaules, que previa sua morte e ascensão de Giges ao trono, bem como que ele desposasse sua mulher.

9. peço-te para que não precises dessas impiedades". Ele então estava relutante ao dizer isso, temendo que lhe acontecesse algum mal por causa disso. E ele disse em resposta o seguinte: "Sê corajoso, Giges, e não temas nada com relação a mim, que profiro esta ordem porque estou te pondo à prova, nem que te aconteça algum dano vindo dela; pois, desde o início, eu mesmo tramarei assim, de modo que ela não perceba que foi vista por ti. Pois eu mesmo te levarei para dentro do quarto no qual dormimos e te colocarei atrás da porta aberta; sempre que eu entro, imediatamente a minha mulher vem para o lado do leito. Uma cadeira está posicionada próxima à entrada; na qual ela colocará suas vestes, uma de cada vez, enquanto estiver despindo-se, e estarás presente para observá-la com muita calma. E depois de ela caminhar em direção ao leito e estiver de costas, cuida-te para que ela não te veja saindo de lá pelas portas".

10. E ele, como não podia escapar disso, ficou à sua disposição; e Candaules, depois de julgar que era a hora certa de se deitar, conduziu Giges ao quarto de dormir, e depois disso, imediatamente, também sua mulher estava presente; após ela entrar, enquanto depositava suas vestes, Giges a observava. E quando ela virou as costas, indo em direção ao leito, ele escapou sorrateiramente e caminhou para fora do quarto. Mas a mulher o viu saindo. Tendo compreendido o que havia sido feito por seu marido, não gritou, embora estivesse envergonhada, nem demonstrou que havia percebido, porque tinha em mente vingar-se de Candaules; pois, entre lídios e quase para o restante dos bárbaros, se também um homem que fosse visto

11. nu, isso lhe causaria uma grande vergonha. Então, nesse momento; assim, nada demonstrando, manteve silêncio; e o mais rápido possível, já ao nascer do dia, no momento favorável, pôs à sua disposição os escravos que lhe eram mais confiáveis e chamou Giges. E ele, pensando que ela nada soubesse do que fora feito, veio porque foi chamado; pois estava acostumado antes a ir quando a rainha o chamava. Quando Giges chegou, a mulher disse-lhe isto: "Agora, dois caminhos se apresentam para ti, Giges, dou-te a escolha para qual deles queres te dirigir; ou mata Candaules e toma posse de mim e do reino da Lídia, ou tu mesmo deves imediatamente morrer, para que não obedeças a Candaules em tudo no futuro e vejas o que tu não deves. Mas, ou aquele que deliberou isso deve morrer, ou tu, que me viste nua e não pensaste no que estavas fazendo". E Giges, por um longo tempo, ficou espantado com as coisas que lhe foram ditas; depois, suplicou-lhe que não o obrigasse à necessidade de decidir sobre tal eleição. No entanto, ele não a persuadiu, mas, diante da obrigação exposta, ou matava o seu senhor, ou ele mesmo seria morto por outros; escolheu que ele mesmo sobreviveria. Então, ele a consulta, dizendo o seguinte: "Uma vez que me obrigas a matar o meu senhor, mesmo eu não querendo, vamos, ouvirei de que modo o atacaremos". E ela, tomando a palavra, disse: "A investida será do mesmo lugar de onde aquele me exibiu nua, e o ataque será no momento em que ele estiver dormindo".

12. Quando eles prepararam a conspiração e a noite surgiu (pois Giges não se separou dela, e ele não teve nenhuma liberdade, a não ser a de que ou ele, ou Candaules, devia morrer), ele seguiu a mulher até o quarto de dormir. E ela deu-lhe um punhal e o escondeu atrás da mesma porta. E, depois disso, enquanto Candaules estava dormindo, ele saiu sorrateiramente e matou-o; e tomou posse de sua mulher e do seu reino[47]. Arquíloco[48] de Paros[49], que viveu

---

47. Entre os autores antigos, há duas versões além desta. Segundo Platão, Giges era um simples pastor que um dia encontrou uma fenda na terra. Dentro dela, havia um cavalo de bronze oco que abrigava um cadáver com um anel de ouro. Então, Giges retirou o anel do dedo do cadáver e, após colocá-lo, começou a girá-lo; a cada movimento para o lado interno de sua mão, percebia que se tornava invisível. De posse desse poderoso anel, Giges obteve um cargo de confiança na corte do rei da Lídia, seduziu sua mulher, e juntos tramaram a morte do rei, cumprido o ardil. Giges a desposa e passa a ser rei. Consultar: *República*, 359d-360b. A outra versão nos é apresentada por Plutarco, na qual Giges guerreia contra Candaules e o mata com um machado. Consultar: *Questões helenas*, 302A.

48. Poeta heleno do século VII a.C., nascido na ilha de Paros. Segundo a tradição, era filho de uma escrava e, por limitação econômica, migrou para Tasos, onde foi soldado mercenário e apaixonado por Neobule, filha de Licambes. A poesia iâmbica e seus hinos tornaram Arquíloco famoso, mas deles nos restaram apenas fragmentos.

49. Ilha helena localizada no Mar Egeu, uma das maiores que compõem as chamadas Cíclades.

na mesma época, traz isso à memória em um verso trímetro[50] iâmbico[51].

13. E ele se apoderou do reino e foi confirmado pelo oráculo de Delfos[52]. Porque os lídios, então, consideraram terrível o sofrimento de Candaules, eles se armaram, fizeram uma revolução e colocaram-se de acordo com os partidários de Giges e o restante dos povos lídios, sobre se o oráculo pronunciasse que ele seria o rei dos lídios, ele reinaria, se não, restituiria o poder aos Heraclidas. E, então, o oráculo pronunciou-se e, assim, Giges tornou-se rei. Todavia, nesse ponto, a Pítia[53] disse que a vingança viria para os Heraclidas na quinta descendência de Giges. Os lídios e seus reis não tiveram nenhuma consideração por essa parte do oráculo, até o momento em que ele foi cumprido.

14. Assim, os Mérmnadas tomaram a realeza dos Heraclidas e passaram a detê-la, e Giges, quando se tornou rei, enviou não poucas oferendas a Delfos, mas uma grande quantidade de oferendas de prata, ele tem numerosíssimas em Delfos; além das de prata, ele ofertou outras incontáveis de ouro, e o que é mais digno de memória são as crateras, dedicadas em número de seis, e são

---

50. O iambo é uma unidade rítmica do poema, formado por uma sílaba breve e uma longa (⏑ –). O trímetro iâmbico era composto por três tempos formados por uma sílaba longa seguida de uma breve e depois de outra longa (– ⏑ – | – ⏑ – | – ⏑ –). O poeta que mais se destacou na composição de versos iâmbicos foi Arquíloco de Paros, no século VII a.C., no gênero conhecido por poesia iâmbica, que estava associada à origem do culto de Deméter, cuja característica principal estava em seu tom satírico ou sarcástico. Por ter uma sonoridade muito próxima da linguagem cotidiana, o verso iâmbico era utilizado nos diálogos dramáticos.

51. Heródoto refere-se a este verso: "Não me importo com as riquezas de Giges rico de ouro". Consultar: Fr. 22 Diehl. Contudo, não podemos depreender desse verso que Giges matou o rei e apoderou-se de sua esposa e de seu reino. É provável que Heródoto conhecesse os demais versos que relatavam a versão arquiloqueia da ascensão de Giges ao poder na Lídia, citando apenas esse, por se referir à riqueza que adquiriu após a morte de Candaules.

52. Santuário heleno localizado aos pés do Monte Parnaso, considerado o umbigo do mundo, que abrigava o santuário de Apolo, famoso por seus oráculos.

53. Sacerdotisa de Apolo que cumpria o dever de pronunciar o oráculo do deus ao seu consulente.

de ouro. Essas estão depositadas entre os tesouros dos coríntios, têm o peso de trinta talentos[54]; para falar a verdade, o tesouro não é do povo coríntio[55], mas de Cípselo[56], filho de Etíon[57]. Assim, Giges foi o primeiro dos bárbaros, dentro do que nós sabemos, que dedicou oferendas em Delfos, depois de Midas[58], filho de Górdio[59], rei da Frígia[60]. Também Midas ofertou o seu trono real no qual sentava e proferia sentenças, que era digno de ser contemplado; esse trono encontra-se precisamente onde estão as crateras de Giges. Esse ouro e essa prata que Giges ofertou são chamados pelos delfos de Gigadas, por ser o epônimo do seu doador. Depois de começar a governar, invadiu com seu exército Mileto[61]

---

54. Medida de peso helena, cada talento equivalia a 32 quilos e 369 gramas.

55. Havia diversos tesouros, construções de várias cidades helenas, onde eram depositadas suas oferendas.

56. Tirano de Corinto, 657-627 a.C., filho de Labda, uma descendente dos Baquíadas, que foram depostos por Cípselo. O nome do tirano deriva de *kypsélē* (κυψέλη), que significa "caixa". A mãe de Cípselo sofria de uma deformação e, por essa razão, não conseguia casar-se; por causa disso, rompendo sua tradição de endogamia, os Baquíadas permitiram que ela se casasse com Etíon, um desconhecido. No entanto, quando Labda ficou grávida, por temerem a presença de uma criança fora dos seus padrões, seus familiares planejaram matá-la. Então, depois de dar à luz seu filho, Labda escondeu-o em uma caixa, evitando, assim, que seus parentes o assassinassem.

57. Um homem desconhecido de Corinto.

58. Segundo Pausânias, Midas foi o primeiro a habitar em Ánkyra (Ἄγκυρα), atual Ancara, sendo, portanto, o seu fundador. Consultar: *Descrição da Grécia*, I, 4.5.

59. Rei mítico da Frígia, fundador da cidade de Górdio, desposou Cíbele, com quem teve Midas. Conta-se que o rei tinha um carro com um nó que não se podia desatar, e que o comando da Ásia estava destinado a quem o desatasse. Séculos mais tarde, quando da invasão de Alexandre, o Grande, este cortou o nó com sua espada e recebeu o comando do Império Asiático; tal episódio ficou conhecido como o "nó górdio".

60. Localizada na Anatólia, na região da Ásia Menor. Homero, em *Ilíada* II, 401, narra que Frígia era uma cidade "bem edificada", *eû naiomenáōn* (εὖ ναιομενάων). Os frígios foram aliados dos troianos na guerra contra os helenos.

61. Cidade localizada na Ásia Menor, cujas atividades comerciais destacaram-se em toda a sua região, pois estabeleceu relações comerciais com o sul da Península Itálica,

e Esmirna[62] e capturou a cidade de Cólofon[63]. Nenhum outro grande feito foi realizado por ele enquanto reinou, por trinta e oito anos; e deixemos isso

15. para trás, porque já lembramos muitas coisas sobre ele. Depois de Giges, incluirei a memória de Árdis[64], filho de Giges. Esse capturou Priene[65] e invadiu Mileto; na época em que foi rei dos sardianos, os cimérios, que haviam sido expulsos pelos citas nômades[66], chegaram à Ásia e capturaram Sárdis, exceto sua acrópole[67].

16. E Árdis reinou por quarenta e nove anos e foi sucedido por Sadiates[68], o filho de Árdis, que reinou por doze anos; e após Sadiates, Aliates. E este guerreou contra Ciaxares[69], descendente de

---

com a Trácia, local em que foram fundadas colônias e, principalmente, com o Egito, onde foi criado um posto comercial em Náucratis, no Delta do Rio Nilo.

62. Cidade da Ásia Menor situada na região do Mar Egeu; era uma das mais importantes da Liga Iônica. Estrabão, no "Livro XI, 5", da obra *Geografia*, conta que Ermina também era o nome de uma amazona que fundou várias cidades na Ásia Menor, as principais foram Éfeso e Esmirna.

63. Cidade helena da região da Lídia, a mais antiga das que formavam a Liga Iônica, com intensa atividade comercial e conhecida pela sua riqueza. Segundo Aulo Gélio, o poeta Homero teria nascido em Cólofon. Consultar: *Noites áticas*, III, 11.

64. Rei que ficou marcado por ter perdido o domínio de Sárdis para os cimérios.

65. Cidade situada no vale do Rio Meandro, vizinha a Mileto; foi dominada pelos lídios no século VII a.C.

66. Exímios cavaleiros, os citas habitaram a região da Ásia conhecida por Cítia; tinham o hábito do nomadismo, cuja atividade principal era o pastoreio.

67. Parte mais alta da cidade, onde se localizava a ágora, com suas construções públicas e edifícios religiosos, um local de reunião dos cidadãos.

68. Embora Heródoto lhe atribua doze anos de reinado, documentos nos levam a datações que indicam que Sadiates reinou na Lídia de 625 a 600 a.C.

69. Rei dos medos, de 625 a 584 a.C., destacou-se pela aliança que fez com os babilônios, o que lhe possibilitou dominar o Império Assírio; a partir de então, obteve poder suficiente para controlar a Mesopotâmia e diversos reinos que circundavam o Rio Hális, estabelecendo sua fronteira com a Lídia.

Déjoces[70], e contra os medos; expulsou os cimérios da Ásia, capturou Esmirna, que foi colonizada por Cólofon, e invadiu Clazômenas[71]. Após isso, ele não terminou como queria, mas sofreu um grandioso

17. desastre. Os feitos que se mostraram, enquanto esteve no poder, mais dignos de serem contados foram estes: guerreou contra os milésios[72], uma guerra herdada de seu pai. Depois de marchar contra Mileto, sitiou-a do modo como se segue. Para que a plantação estivesse madura no campo, invandiu-a com seu exército nesse exato momento; avançou com seu exército sob o som de siringes, harpas, flautas agudas e graves. Quando chegou à região milésia, não derrubou as edificações dos campos, nem as incendiou, nem arrombou portas, deixava-as em pé na região; e ele, para que destruísse árvores e plantação no campo, retornava ao local. Pois os milésios dominavam o mar, de tal sorte que o cerco não era um trabalho para o exército. O lídio não derrubou as casas por isso: para que os milésios as tivessem, porque eles saíam de lá para semear e trabalhar na terra, e ele mesmo teria algo do que aqueles

18. produziram para pilhar quando a invadissem. Fazendo isso, guerreou durante doze anos, e nesses anos surgiram dois tipos de grandes derrotas, em Limeneio[73], quando combatiam por sua região, e na planície de Maiandro[74]. Durante alguns desses seis anos, Sadiates, filho de Árdis, ainda governava os lídios, e ele também invadiu com seu exército, no momento exato, a região milésia; pois Sadiates, esse também estava engajado na guerra; durante outros cinco anos que se seguiram a esses seis, Aliates, filho de Sadiates, guerreou, como antes foi mostrado por mim, na guerra

---

70. De origem persa, 709-656 a.C., foi o primeiro rei dos medos.

71. Cidade situada na Ásia Menor, que fazia parte da Liga Iônica, composta por doze cidades: Mileto, Mios, Priene (na Cária), Éfeso, Cólofon, Lêbedo, Teos, Clazômenas, Éritra, Foceia (na Lídia), e as ilhas de Quios e Samos (no Mar Egeu).

72. Habitantes de Mileto.

73. Região de Mileto.

74. Rio da Cária, localizado nas circunvizinhanças de Mileto.

que herdou de seu pai, e sustentou-a vigorosamente. Nenhum dos iônios prestou ajuda aos milésios durante a guerra, que não os quios, os únicos; esses os estavam defendendo por estarem retribuindo um feito semelhante; pois também antes os milésios prestaram ajuda aos quios

19. durante a guerra contra os eritreus. No décimo segundo ano, quando o campo de trigo estava sendo incendiado pelo exército, algo lhe aconteceu, o ocorrido foi o seguinte: como o campo de trigo rapidamente foi incendiado, foi levado com força pelo vento que atingiu o templo de Atena[75], que é chamada Assesia[76], que foi incendiado e completamente queimado. Nesse instante, não deu importância ao fato e, quando partiu com seu exército para Sárdis, Aliates ficou doente. Porque sua doença havia se prolongado, enviou mensageiros para consultar o Oráculo de Delfos, quer por ter sido aconselhado por alguém, quer tenha lhe parecido adequado, enviou-os para perguntar ao deus sobre sua doença. Quando eles chegaram a Delfos, a Pítia disse que não proferiria o oráculo antes que o templo de Atena fosse reconstruído, o que foi incendiado na região milésia

20. em Asseso[77]. Eu mesmo sei, por ter ouvido, que assim aconteceu em Delfos. Os milésios acrescentam a isso tais coisas: que Periandro[78], filho de Cípselo, sendo próximo de Trasibulo[79], ao ser informado sobre o oráculo havido para Aliates, enviou um mensageiro para anunciá-lo, para que ficasse prevenido e deliberasse sobre a situação presente. Os milésios

---

75. Filha de Zeus e Métis, esta foi engolida por Zeus antes de concebê-la, por conta de um oráculo que o alertava sobre o perigo de terem um filho, pois seria ele quem destronaria Zeus. Então, Atena foi costurada na cabeça de seu pai, para que findasse sua gestação.

76. Epônimo da cidade de Asseso.

77. Cidade vizinha a Mileto.

78. O filho do tirano Cípselo, 627-585 a.C., que sucedeu o pai na tirania.

79. Tirano de Mileto, século VII a.C., era aliado do rei lídio Aliates, Trasibulo também era amigo e aliado de Periandro.

21. contam que aconteceu assim. E Aliates, assim que lhe foram transmitidos esses fatos, imediatamente enviou um arauto a Mileto, querendo fazer uma aliança com Trasibulo e os milésios durante o tempo em que fosse construir o templo. Então, o enviado foi para Mileto, mas Trasibulo claramente informado sobre todo o discurso e ciente sobre as ações que Aliates tinha a intenção de praticar, tramou o seguinte: que o alimento fosse dele e de qualquer particular na cidade, ordenou que esse todo fosse trazido para a ágora[80], e depois de ele sinalizar que, nesse momento, todos

22. bebessem, e cantassem e dançassem uns com os outros. E Trasibulo fez e proclamou isso por causa desses acontecimentos, para que então o arauto de Sárdis, quando visse uma grande quantidade de alimento acumulada e os homens estando entre alegrias, anunciasse isso a Aliates. Essas coisas de fato ocorreram; pois, como o arauto viu aquilo, contou e trouxe as cartas do lídio para Sárdis a Trasibulo, como eu mesmo me informei, a reconciliação não ocorreu por outro motivo. Pois Aliates esperava que houvesse uma forte carência de víveres em Mileto e que o povo estivesse reduzido à extrema penúria. Ele ouviu, quando o seu arauto retornou, palavras contrárias ao que ele imaginava. Depois disso, a reconciliação concretizou-se entre eles, e nesse momento foram amigos e aliados uns para os outros, e Aliates construiu dois em vez de um templo em Asseso e restabeleceu-se da doença. Assim foi a guerra de Aliates contra Trasibulo e os milésios.

23. Periandro era filho de Cípselo, esse revelou o oráculo a Trasibulo; e Periandro exerceu a tirania em Corinto. Os coríntios dizem (e os lésbios concordam com eles) que aconteceu um grandioso admirável fato em sua vida. Aríon[81] de Metimna[82] foi carregado por um delfim

---

80. Praça principal de uma cidade helena, com construções públicas, templos e comércios, na qual eram realizadas assembleias e debates entre os cidadãos, considerado um espaço de manifestação da cidadania.

81. Poeta lírico heleno, século VI a.C.; além da criação dos versos ditirâmbicos, a obra *Suda* atribui-lhe a invenção dos coros satíricos, da tragédia, e a escrita de dois livros de Proêmios, que não chegaram até nós.

82. Cidade helena localizada na ilha de Lesbos, situada no Mar Egeu.

para Tênero[83], ele era um citaredo[84] que não estava em segundo lugar dentre os existentes, e foi o primeiro homem, dentro daquilo que nós sabemos, que compôs em estilo ditirâmbico[85], a nomeá-lo e a ensiná-lo em

24. Corinto. Contam que esse Aríon, como passara a maior parte da vida no palácio de Periandro, desejou navegar para a Itália[86] e a Sicília[87]; após ter ganhado muito dinheiro, quis retornar para Corinto. Para sair de Taras[88], por não confiar em ninguém mais que os coríntios, contratou uma nau de homens coríntios; mas, em alto-mar, eles tramaram lançar Árion para fora da nau, para se apossar do seu dinheiro; e, após compreender isso, ele suplicou, oferecendo-lhes dinheiro e implorando por sua vida. No entanto, ele não os persuadiu, mas os tripulantes da nau ordenaram que ele, ou se matasse, para que tivesse a sorte de um túmulo na terra, ou que,

---

83. Promontório localizado ao sul da Lacônia, na península do Peloponeso, cuja cidade principal era Esparta.

84. Cantor que tocava uma cítara, um tipo de lira, cujo número de cordas foi aumentando de quatro para sete durante o século VII a.C.

85. Originalmente, era um frenético canto coral dedicado a Dioniso, acompanhado de uma lira. O ditirambo era composto por uma parte narrativa, recitada pelo corifeu, o cantor principal, e a outra parte, por um coral, formada por homens vestidos de faunos e sátiros, considerados companheiros do deus Dioniso.

86. Heródoto refere-se ao sul da Itália, local em que foram fundadas diversas colônias colonizadas, principalmente pelos helenos provenientes da península do Peloponeso.

87. Maior ilha da região da Península Itálica, fundada por Árquias de Corinto em 734 a.C. Conforme o relato de Plutarco, Árquias era descendente de Héracles, influente por sua riqueza e poder, pois pertencia à família mais ilustre de Corinto. Árquias apaixonou-se por um belo rapaz chamado Actéon. Por conta de seu sentimento desmedido e da negativa do jovem, tramou raptá-lo, mas sua ação resultou na morte de Actéon. Então, Melisso, pai do jovem morto, levou seu cadáver ao templo de Posídon e implorou por vingança; em resposta, o deus enviou peste e seca ao território coríntio, que foram retirados somente quando Árquias foi banido de Corinto. Exilado na Sicília, ele fundou a cidade de Siracusa. Consultar: Plutarco, *Narrativas de amor*, 772E-773B.

88. Cidade localizada na Península Itálica, atual Tarento. Taras ou Tarante foi colonizada pelos espartanos no século VII a.C., época das guerras contra a Messênia.

muito rapidamente, saltasse ao mar. Ameaçado pela difícil situação, uma vez que assim lhes parecia melhor, Aríon implorou para que o permitissem estar em todo o seu traje[89], ficasse de pé no estrado da popa e cantasse; e que se cantasse, prometia que iria matar-se. E lhes ocorreu que seria um prazer se ouvissem o melhor dos aedos[90], e afastaram-se da proa, indo para o centro da nau. E, trajando toda a sua indumentária e pegando a sua cítara, colocou-se de pé no estrado da popa e entoou um canto órtio[91]; e quando terminou o seu canto, atirou-se ao mar, porque tinha com ele toda a indumentária[92]. E eles navegaram em direção a Corinto, enquanto, dizem, que um delfim[93] pegou-o e levou-o até Tênero. Quando desceu nesse lugar, andou para Corinto com a indumentária e, ao chegar, relatou tudo o que aconteceu. E, Periandro, por desconfiança, manteve Aríon sob vigilância e não o deixou ficar com ninguém, e teve cuidado com os

---

89. Como os aedos cantavam para os membros da aristocracia das cidades, estes vestiam trajes suntuosos durante a apresentação.

90. Um cantor de epopeias, que canta suas próprias composições, sempre acompanhado de uma lira (ou de uma *phórmix*, uma espécie de lira mais leve e mais simples, ou de uma *kithára*, uma lira com mais cordas e uma caixa de ressonância maior).

91. A expressão é *nómon tòn órthion* (νόμον τὸν ὄρθιον), que traduzimos por "canto órtio", mas pode-se ler ainda "melodia órtia" ou "hino órtio". A escolha de Aríon não foi por acaso, visto que esse canto é dedicado a Apolo, o deus dos aedos. Nesse sentido, a escolha de Aríon pode ser vista como sua última homenagem ao deus, ou um agradecimento pelo dom que Apolo lhe concedeu. Em um segundo momento, como veremos a seguir, tal canto também pode ser interpretado como um pedido subliminar de socorro ao deus, uma vez que Aríon não clama pelo deus abertamente, mas pode tê-lo realizado em pensamento enquanto cantava.

92. Vemos que Aríon prezava sua indumentária, não apenas pela beleza e pelo valor, mas porque tinha-a como símbolo de seu dom divino. Por essa razão, o aedo fez questão de levar todo o seu traje com ele, não quis que aqueles indivíduos sem moral a tivessem. Além disso, Aríon chegaria ao Hades, a morada dos mortos, vestido nela, o que evidencia que lá ele queria ser eternamente reconhecido como um aedo.

93. A presença de um delfim revela a manifestação de Apolo diante da situação difícil de seu seguidor. O delfim é um animal associado à imagem do deus, visto que estava representado na trípode de Apolo, em Delfos. Outro dado interessante é que no verso 400 do *Hino homérico a Apolo*, o deus assume a imagem de um delfim em sua viagem para alcançar o seu destino final: Delfos.

tripulantes da nau; então, quando eles chegaram, foram chamados para que ele investigasse se eles falariam algo sobre Aríon. Quando eles disseram que ele estava a salvo pela região da Itália e em boa situação em Taras, Aríon apareceu diante deles, tal como estava quando saltou; e eles ficaram atordoados, não puderam ainda contestar e negar. Coríntios e lésbios contam isso, também há uma estátua de bronze de Aríon, não grande, em Tênero, de um homem que está em cima de delfins.

25. E o lídio Aliates, quando terminou a guerra contra os milésios, logo em seguida, morreu, após ter reinado por cinquenta e sete anos. Porque se recuperou de uma doença, esse foi o segundo de sua família que dedicou uma grande cratera de prata soldada sobre um suporte de ferro, digna de ser contemplada dentre todas as oferendas em Delfos, trabalho de Gláucon de Quios, o único homem que descobriu a solda do ferro.

26. Quando Aliates morreu, Creso, filho de Aliates, herdou o seu reino, estando com trinta e cinco anos de idade; então, os primeiros dentre os helenos que ele atacou foram os efésios. Lá, os efésios, quando foram cercados por ele, ofertaram sua cidade à Ártemis[94] ligando uma corda do seu templo até a muralha; entre a cidade velha, que nesse momento estava cercada e que ficava a sete estádios[95] do templo. Creso atacou esses primeiros, depois, em sequência, a cada um dos iônios e eólios, infligindo a cada um deles acusações diferentes, dentre as maiores que podia inventar, ele os acusava das mais graves coisas,

27. entre algumas delas, infligia acusações tolas. Então, os helenos da Ásia foram submetidos ao pagamento de tributo por ele; e, a partir desse momento, teve a intenção de construir naus para atacar os ilhéus. E quando todas as coisas estavam prontas para a

---

94. Deusa helena, filha de Zeus e Leto, irmã gêmea de Apolo, era conhecida como a deusa da caça e protetora do parto. Apolo era representado com as armas douradas, associado ao Sol, já a deusa, com armas argênteas, associada à Lua. Consultar: *Hino homérico a Ártemis e Hino homérico a Apolo.*

95. Estima-se que cada estádio tenha a equivalência aproximada de 186 metros.

construção das naus, uns dizem que Bias[96] de Priene[97] chegou a Sárdis, outros dizem que Pítaco[98] de Mitilene[99], ao ser perguntado por Creso se havia alguma novidade a respeito da Hélade, para que parasse a construção das naus, respondeu-lhe: "Ó rei, os ilhéus estão comprando dez mil cavalos, tendo em mente enviar uma expedição militar a Sárdis contra ti". E Creso, supondo que ele dizia a verdade, respondeu: "Ah! Que os deuses incutam isso na mente desses ilhéus, vir contra os lídios[100] com seus cavalos". E ele, tomando a palavra, disse: "Ó rei parece-me que com boa vontade formulas preces para

---

96. Filósofo do século VI a.C. Segundo Diógenes Laércio, Bias era filho de Teutame, considerado por Sátiro o primeiro entre os Sete Sábios; também tinha habilidades poéticas, pois compôs 2 mil versos sobre a Iônia, sobre como torná-la próspera. Consultar: *Vidas e doutrinas dos filósofos ilustres*, I, 5. Os Sete Sábios era uma lista com os nomes dos homens mais sábios da Grécia Antiga; em sua maioria, políticos do século VI a.C. A primeira referência aos nomes que compunham a lista dos Sete Sábios aparece no diálogo platônico intitulado *Protágoras*, 343e-343b, quando reflete sobre a natureza da educação espartana. Com pequenas variações, a lista era composta pelos seguintes nomes: Tales, Pítaco, Bias, Cleóbulo, Sólon, Quílon e Periandro. O mito originou-se com uma trípode de ouro encontrada no Mar Iônio, a qual um oráculo determinou que fosse entregue ao homem mais sábio. Então, ela foi enviada a Sólon, que depois a passou para Pítaco e, assim, sucessivamente; quando atingiu o número de sete, ofereceram-na ao deus Apolo.

97. Cidade litorânea de Mileto, localizada no Mar Egeu.

98. Tirano de Mitilene, século VI a.C., cuja feiura e origem pobre foram atacadas por seu inimigo, o poeta Alceu. Conforme Diógenes Laércio, Pítaco era filho de Hirradio, exerceu a tirania por dez anos e depois a renunciou. Igualmente, escreveu elegias, cerca de 600, e uma obra em prosa intitulada *Das Leis*. Consultar: *Vidas e doutrinas dos filósofos ilustres*, I, 4.

99. Principal cidade da ilha helena de Lesbos, no Mar Egeu.

100. Heródoto, *Histórias*, I, 27, em que grafa: Λυδῶν παῖδας (*Lydôn paîdas*) para "lídios" e também grafa Ἰώνων παῖδας (*Iṓnōn paîdas*) no *Livro V - Terpsícore*, Capítulo 49, para o que traduzimos por "iônios" somente, pois trata-se de um homerismo, uma adaptação feita a partir de um verso de Homero, *Ilíada*, XXI, v. 151, onde o poeta canta: δυστήνων δέ τε παῖδες (*dystḗnōn dé te paîdes*) para "infelizes", que também já fora seguido por Platão, em *Leis*, 769b, que grafa: οἱ ζωγράφων παῖδες (*hoi zōgráphōn paîdes*) para "os pintores". Mais tarde, à época imperial romana, Plutarco, em *Se as paixões da alma são piores que as do corpo*, 501A, grafa παῖδες ἰατρῶν (*paîdes iatrôn*), que é uma expressão usada para denominar "os médicos". Expressão que entendemos com a ideia de descendência, pois a tradução literal de Ἰώνων παῖδας (*Iṓnōn paîdas*) é "filhos dos iônios" e o de οἱ ζωγράφων παῖδες (*hoi zōgráphōn paîdes*)

capturar os ilhéus cavalgando na planície, é natural que espere isso; quanto aos ilhéus, uma vez que rapidamente foram informados de que tu tens a intenção de construir naus para atacá-los, pensas que outra coisa fazem senão orar para capturar os lídios no mar, a fim de que os helenos que habitam no continente se vinguem de ti, tu, que os manténs escravizados?" Creso ficou muito satisfeito com o raciocínio, pois lhe pareceu que ele falava com propriedade, e foi persuadido a parar com a construção das naus. E, assim, fez um pacto com os iônios que habitavam as ilhas de ter uma relação de amizade.

28. Com o passar do tempo, também subjugou quase todos os povos que habitavam a parte interna do Rio Hális; exceto cilícios e lícios, Creso mantém todos os outros sob o seu próprio domínio, subjugados; e eles são os seguintes: lídios, frígios, mísios, mariandinos, cálibes, paflagônios, trácios (os tinos e os bitínios), cários, iônios, dórios, eólios e

29. panfílios; então, esses foram subjugados e anexados aos lídios por Creso; chegaram a Sárdis florescendo por sua riqueza, à mesma época, todos os outros sábios[101] vivos da Hélade, cada um deles dirigia-se para lá, além de Sólon[102], cidadão ateniense, que, depois

---

é "os filhos dos pintores", o que nos revela ainda profissões que eram exercidas sempre pelas mesmas famílias, a hereditariedade do ofício.

101. O termo utilizado por Heródoto é *sophistaí* (σοφισταί). É interessante perceber que o termo está relacionado ao sábio, o próprio Heródoto, no Livro IV, 95, dirá que Pitágoras é um sofista, no sentido de que ele é um sábio. Destacamos esse termo, porque Platão nos trará uma nova interpretação para os *sophistaí*, que, à sua época, eram homens que ensinavam a arte retórica, cobrando quantias elevadas por isso; o filósofo compara o sofista a um caçador de jovens ricos em busca de seu dinheiro. Consultar: *Sofista*, 222d-223a. Portanto, os sofistas não demonstravam a sabedoria esperada de um sábio, um *sophós* (σοφός). Há vários passos em que Platão critica as práticas dos sofistas, mas o diálogo principal sobre esse tema é, sem dúvida, *Sofista*, no qual ele reproduz um diálogo entre o Estrangeiro de Eleia e Teeteto, questionando principalmente a definição do que é um sofista e qual sua função.

102. Legislador e poeta ateniense, século VI a.C., também considerado um dos Sete Sábios. Sobre ele, há uma biografia plutarquiana; ler *Vida de Sólon*, de Plutarco. Também podemos colher informações a seu respeito em *Constituição de Atenas*, de Aristóteles e de seus próprios poemas e fragmentos deles remanescentes em nosso tempo.

de elaborar leis para os atenienses, que eles lhe pediram com insistência, ficou ausente da sua pátria por dez anos, partiu em viagem pelo mar, com o pretexto legítimo de ver o mundo, e a fim de que não fosse obrigado a abandonar nenhuma das leis as quais instituiu. Os próprios atenienses não foram capazes de fazer isso, pois prometeram, com juramentos, que utilizariam as leis que Sólon lhes instituísse

30. por dez anos. Por esses mesmos motivos, também para ver o mundo, Sólon ficou ausente da sua pátria e partiu para o Egito, para a corte de Amásis[103], além de ir para Sárdis, à corte de Creso. Quando chegou, foi recebido no palácio por Creso; depois, no terceiro ou quarto dia, porque foram ordenados por Creso, seus servos conduziram Sólon aos seus tesouros e lhe mostraram que todas aquelas coisas eram grandiosas e prósperas. Após tê-las contemplado e examinado, quando lhe houve a oportunidade, Creso perguntou: "Hóspede ateniense, muitas histórias sobre ti chegam até nós, por causa da tua sabedoria e da tua peregrinação, que em busca do saber foste a muitas terras para ver o mundo; agora, veio-me o desejo de perguntar-te se alguém dentre todos que já viste é mais feliz."[104] E ele, esperando que fosse o mais feliz dos homens, perguntou-lhe isso, e Sólon em nada o adulando, mas, na realidade, sendo-lhe útil, respondeu: "Ó rei, o ateniense Telo[105]". Depois de ter ficado muito espantado com o que foi dito, Creso perguntou-lhe com veemência: "Por qual razão julgas que Telo é o mais feliz?" E ele respondeu: "Isso, porque sua cidade estava prosperando, Telo tinha filhos belos

---

103. Faraó egípcio, 570-526 a.C., nasceu em Sais, região do Baixo Egito. Amásis impediu a invasão babilônica no Egito, expulsando o rei Nabucodonosor de seu território. Também concedeu privilégios aos helenos da cidade de Náucratis, o que demonstra suas boas relações com eles, além de ter escolhido uma esposa de origem helena.

104. Esse episódio é relatado também por Plutarco, na biografia que redigiu do político ateniense. Consultar: *Vida de Sólon*, XVII, 1-9; *Da audição*, 58E e *Como distinguir o bajulador do amigo*, 69F.

105. Personagem conhecida por sua luta exemplar na batalha ocorrida nas imediações de Elêusis, dedicou-se até a morte para defender os interesses políticos e econômicos dos atenienses.

e bons, também viu filhos sendo gerados por todos eles, e isso, porque sua vida era próspera, como as riquezas que há junto a nós, e o fim da sua vida sobreveio-lhe do modo mais brilhante: quando houve uma batalha dos atenienses contra os seus vizinhos de fronteira em Elêusis[106], ele os socorreu e provocou a fuga dos seus inimigos, morreu da forma mais bela, e os atenienses construíram um túmulo a expensas da cidade para ele no mesmo lugar em que tombou, e o

31. honraram magnificamente". Como Sólon havia estimulado Creso ao falar sobre os muitos acontecimentos e as felicidades de Telo, perguntou quem ele via em segundo lugar depois daquele, pensando firmemente que receberia ao menos o segundo lugar. E ele respondeu: "Cléobis e Bíton[107]. Esses eram argivos de nascimento e tinham meios de vida suficientes, além disso, uma força física, tal esta: ambos igualmente foram vencedores em jogos, além disso, conta-se esta história sobre eles: quando houve uma festa em

---

106. Situada a trinta quilômetros de Atenas, a cidade era conhecida pela realização dos chamados Mistérios de Elêusis, ritos de iniciação aos cultos da deusa Deméter e de sua filha Perséfone, que estavam relacionadas à fertilidade da terra. O mito da criação dos Mistérios de Elêusis está relacionado ao rapto de Perséfone. A filha da deusa Deméter foi levada por Hades ao mundo dos mortos, onde ardilosamente o deus lhe ofereceu uma romã. Como havia o dito de que aquele que comesse algo de seu reino a ele pertenceria, Perséfone passou a integrar o reino dos mortos. No entanto, Deméter, desesperada com o desaparecimento da filha, empreendeu uma busca incansável em torno da Terra. Enfurecida com o rapto da filha, Deméter decidiu não mais voltar ao Olimpo, abandonando suas funções, exilou-se em Elêusis, assumindo a forma de uma velha mulher, e foi para a corte do rei Céleo e da rainha Metanira, lá passou a ser a ama de Demofonte. Contudo, a ausência da deusa resultou no abandono dos campos, e logo a escassez começou a dominá-los. Então, Zeus foi obrigado a intervir na questão e fez um acordo com Hades para que Perséfone retornasse ao mundo dos vivos a cada seis meses; e a partir desse momento os campos voltaram a florescer e os homens passaram a honrar as duas deusas com os Mistérios de Elêusis, que celebravam o retorno de Perséfone à terra. Para mais detalhes, consultar: *Hino homérico a Deméter*.

107. Dois irmãos argivos cuja história encontra-se apenas em Heródoto. No entanto, duas estátuas foram descobertas no sítio arqueológico de Delfos, que trazem em suas bases, cada uma em sua estela, inscrições identificadas como sendo relativas a Cléobis e Bíton. Essas estátuas são atribuídas ao escultor heleno Polimedes de Argos, 580 a.C., e integram o acervo do Museu Arqueológico de Delfos.

homenagem a Hera[108] entre os argivos, a mãe deles devia impreterivelmente ser levada ao templo por uma parelha de bois, mas os bois não vieram até eles no momento exato; pressionados pelo tempo, os jovens colocaram em si mesmos a parelha e arrastaram o carro, a mãe foi com eles em cima do carro, carregando-a por quarenta e cinco estádios, chegaram ao templo. Depois de eles fazerem isso, sob os olhos de todo o povo reunido para a festa, sobreveio-lhes o melhor fim da vida, e o deus mostrou, por meio deles, que poderia ser melhor para um homem morrer mais que viver. Os argivos, colocando-se em torno deles, congratularam os jovens pela sua força; e as argivas, a mãe deles, por ter tido tais filhos. E a mãe, sentindo-se muito alegre pelo feito e pelo dito, colocou-se de pé em frente à estátua e orou por seus filhos Cléobis e Bíton, porque eles a honraram grandemente, que a deusa lhes concedesse o que a sorte tem de melhor para o homem. Depois dessa prece, os jovens fizeram oferendas sacrificiais à deusa e, após se banquetearem, foram dormir no próprio templo e não mais se levantaram, mas no mesmo lugar tiveram o seu fim. E os argivos erigiram estátuas para eles e as depositaram em Delfos, por terem sido homens virtuosos".

32. E Sólon atribuiu o segundo lugar em felicidade para ele, e Creso, irritado com isso, disse: "Hóspede ateniense, e a nossa felicidade é assim lançada ao nada por ti, de tal sorte que tornaste a nossa não mais digna que a dos homens comuns?". E ele respondeu: "Creso, eu sei que a divindade é em tudo invejosa e perturbada, interrogaste-me sobre os assuntos humanos. Pois, na longa vida humana, houve muitas coisas que ninguém quis ver, e ainda, muitas vezes, sofrer. Suponho que o limite

---

108. Filha de Crono e Reia, irmã e esposa de Zeus, é a principal deusa do Olimpo. A principal característica de Hera retratada na literatura é a sua indignação perante a infidelidade de seu companheiro, não poupando esforços para perseguir os amantes de Zeus e os frutos dessas uniões ilegítimas. A deusa era considerada a protetora da cidade de Argos; segundo Pausânias, Hera foi homenageada por Policleto de Argos, 460-410 a.C., com a construção de uma estátua colossal em que a deusa estava sentada em um trono e coberta de ouro e marfim, com uma coroa em que havia a representação das Cárites e das Horas, e ainda trazia na mão esquerda uma romã e o seu cetro na direita; sobre o cetro havia um cuco, que Pausânias afirma que era o símbolo do amor de Zeus e Hera. Tal obra tornou-se uma referência para as futuras representações da deusa. Consultar: Pausânias, *Descrição da Grécia*, II, 17. 3-4.

da vida humana esteja nos setenta anos. Estes setenta anos representam vinte e cinco mil e duzentos dias, não havendo mês intercalar; se quisesse tornar um ano a cada dois anos mais extenso com um mês, a fim de que as estações do ano venham no devido momento, além dos setenta anos, os meses intercalares vão se tornar trinta e cinco e os dias dos meses, mil e cinquenta. Esses dias todos nestes setenta anos totalizarão vinte e seis mil duzentos e cinquenta, e um dia é completamente diferente do outro, não traz nenhum acontecimento semelhante. Assim, Creso, um homem é em tudo vicissitude. Para mim, tu pareces que és muito rico e rei de muitos homens; e sobre aquilo que me perguntaste, eu não te responderei antes de ser informado se terminaste bem a tua vida. Pois o homem muito rico não é mais feliz do que aquele que tem algo para o dia de hoje, a não ser que a sorte lhe conduza para ter todas as belas coisas e terminar bem a sua vida. Muitos homens extremamente ricos são infelizes, muitos com moderação têm vida próspera. Aquele que é muito rico, mas infeliz, tem apenas duas vantagens sobre o que é próspero, mas este tem muitas sobre o que é rico e infeliz; um satisfaz seu desejo e ataca o grande flagelo porque é mais poderoso, e o outro tem sobre aquele as seguintes vantagens: quanto ao desejo e ao flagelo, porque não é igualmente capaz como aquele, está ileso, sem doença, sem sofrimento de males, de bela prole e tem bela aparência; e se, além disso, ainda termina bem a sua vida, esse é aquele que tu procuras, o que é digno de ser chamado feliz; mas antes que termine a sua vida, esperar para não chamá-lo de feliz, mas de próspero. É impossível que um homem reúna todas essas coisas, assim como nenhuma região é completamente suficiente para prover por si mesma todos os produtos, mas tem um produto e necessita de outro; e a que sempre tem muitos produtos, essa é a melhor. Como também um ser humano não é autossuficiente em nada; pois tem algo e é carente de outra coisa; e quem se completa com a maioria das coisas e depois termina de forma agradável a sua vida; para mim, esse é justo que receba esse nome, rei. É preciso examinar o fim de cada coisa, de que modo resultará; pois, para muitos,

33. após conceder um lampejo de felicidade, o deus arruína-os até a raiz". Ao dizer isso, ele não foi de modo algum agradável a Creso, que não deu importância nenhuma ao seu discurso e mandou-o embora; pensando que era muita ignorância daquele que desconsidera as boas circunstâncias presentes e pede para olhar para o fim de um evento.

34. E depois de Sólon ter partido, Creso recebeu do deus a grande vingança[109], como parece, porque considerou a si mesmo como o mais feliz de todos os homens. Imediatamente após ele dormir, sucedeu-lhe um sonho que lhe mostrou a verdade dos fatos futuros, que iria acontecer coisas ruins para o seu filho. E Creso tinha dois filhos, um deles era imperfeito, pois era surdo, e o outro em muito era o primeiro dentre os de sua idade em todas as coisas; e seu nome era Átis[110]. E o que o sonho indicava a Creso era que ele perderia seu filho Átis atingido por uma ponta de ferro. Em seguida, ele se levantou e refletiu consigo sobre a mensagem; temendo o sonho, arrumou uma mulher para o filho, que estava acostumado a comandar as expedições militares dos lídios, e ainda, ele não o enviou para nenhuma missão dessa natureza; e também dardos, lanças e todas as coisas desse tipo que os homens usam nas guerras, retirou do recinto dos homens e amontoou-os em seu quarto, para que não ficasse algo pendurado

35. e caísse sobre seu filho. E quando estava ocupado com o casamento do filho, um homem, que era de origem frígia e descendente de família real, chega a Sárdis com um infortúnio e as mãos impuras. Esse, ao chegar ao palácio de Creso, pediu-lhe que obtivesse a purificação[111], conforme os costumes dos povos da região; e Creso purificou-o. Os lídios e os helenos têm um ritual de purificação

---

109. O termo utilizado por Heródoto é *némesis* (νέμεσις), que nós traduzimos por "vingança". Nosso autor nos mostra que o deus puniu Creso por sua soberba. Entre os helenos, há uma deusa homônima, Nêmesis, que é a personificação dessa vingança divina e apresenta-se como deusa do pudor e da justiça distributiva, encarregada de castigar o orgulho ou o excesso de felicidade.

110. O nome do filho de Creso é mais um expediente poético do qual Heródoto se serve para elaborar um trocadilho com o nome de Átis, pois o nome Ἄτυς (Átys) também aparece grafado como Ἄτης (Átēs). Ἄτη (Átē) também é a personificação da Fatalidade, demonstrando que seu destino já estava traçado e que seria inútil qualquer ação humana para impedi-lo.

111. O termo em heleno para purificação é *kátharsis* (κάθαρσις), palavra que tem implicações médicas e religiosas e representa a purificação da alma, tornando-a harmoniosa ou transformando o corpo doente em são, como as práticas médicas de purgação corporal que víamos até o início do século XX. Como Platão afirma em seu diálogo *Sofista*, 227d, a *kátharsis* é "a remoção do mal da alma". O rei, como um escolhido de Zeus, tem o poder de purificar um homem. Por essa razão, Adrasto pede a Creso que o purifique. Em geral, o ritual de purificação helena era realizado com água, ou com fogo, ou com fumigação.

quase igual. Depois de Creso ter realizado a purificação, segundo os costumes estabelecidos, informou-se sobre de onde ele vinha e quem era, perguntando o seguinte: "Homem, quem és e de que lugar da Frígia vieste para tornar-se meu suplicante? Qual homem ou mulher assassinaste?". E ele respondeu: "Ó rei, sou filho de Górdias[112], filho de Midas[113], e chamo-me Adrasto; contra minha vontade matei meu próprio irmão e me apresento porque fui banido pelo meu pai e despojado de todas as coisas". Creso respondeu-lhe o seguinte: "Porque és descendente de homens amigos e vieste para junto de amigos, aqui não estarás em dificuldade por coisa alguma, enquanto permaneceres em meu palácio; com relação a esse seu infortúnio, se o suportar de um modo mais despreocupado possível,

36. ganharás ao máximo". E ele passou a viver no palácio de Creso; nessa mesma época, surgiu no Monte Olimpo[114] da Mísia[115], um javali, criatura enorme; e depois de ter descido dessa montanha, devastava os campos dos mísios; muitas vezes, quando eles saíam para atacá-lo; não lhe faziam mal nenhum, mas sofriam por causa dele. Por fim, os mensageiros dos mísios foram à corte de Creso e disseram o seguinte: "Ó rei, um javali, uma criatura gigantesca, que devasta os nossos campos, apareceu em nossa região. Embora tenhamos nos empenhado, não fomos capazes de capturá-lo. Agora, imploramos a ti que envie conosco seu filho, jovens de elite e cães, para que o retiremos de nossa região". Depois de pedirem isso, Creso, lembrando o anunciado em seu sonho, disse-lhes o seguinte: "Não vos lembreis ainda de meu filho; pois não poderia enviá-lo, ele está recém-casado e isso agora não lhe importa. Todavia, enviarei os seletos dentre os lídios e todo o meu grupo de

---

112. Diversos reis frígios receberam o nome de Górdias na Frígia; não é o mesmo rei citado no Capítulo 14 deste livro.

113. Do mesmo modo que com Górdias, diversos reis frígios receberam o nome de Midas na Frígia, não se trata do mesmo rei citado no Capítulo 14 deste livro.

114. O Monte Olimpo era o lugar em que se estabeleceu a morada dos deuses, onde Zeus era o senhor supremo.

115. Região da Ásia Menor, localizada na Anatólia, entre Bitínia e Frígia. Havia cinco montes com o nome de Olimpo: na Mísia, na Cilícia, na Élide, na Arcádia e o mais famoso deles entre a Macedônia e a Tessália, considerado a morada dos deuses, o lar de Zeus.

cães de caça, e ordenarei aos que vão que sejam os mais empenhados possível para retirar convosco

37. essa fera da vossa região". E respondeu-lhes isso. Quando os mísios ficaram satisfeitos com isso, o filho de Creso aproximou-se deles, porque ouvira o que os mísios haviam pedido. Porque Creso disse que não enviaria seu filho com eles, o jovem disse-lhe o seguinte: "Pai, em outro tempo, quando íamos para a guerra e a caça, éramos estimados e tínhamos as coisas mais belas e mais nobres. Agora, tens me excluído de ambas, mas não porque viste em mim alguma covardia nem falta de coragem. Hoje, quais olhos e expressões devo mostrar quando for à ágora e dela voltar? Qual opinião terá sobre mim um cidadão? O que alguém pensará, como a mulher com que estou recém-casado? Como aquela julgará o homem com que convive? Tu, ou deixa-me ir à caça da fera, ou convença-me por meio da palavra porque é melhor que isso seja feito assim".

38. Creso respondeu o seguinte: "Filho, faço isso contigo, não porque notei alguma covardia nem nenhuma outra coisa desagradável, mas por uma visão de um sonho que sobreveio em meu sono e me disse que tu viverias por pouco tempo, que serias morto por uma ponta de ferro. Em virtude dessa visão, apressei esse teu casamento e não o enviei para os sucessivos eventos, tendo-o em minha vigilância, se, de algum modo, enquanto eu viver, puder mantê-lo vivo. Pois és o meu único filho; e o outro, porque tem a audição arruinada, não há como eu

39. contar com ele". O jovem respondeu o seguinte: "Compreendo, pai, que tu tiveste essa visão e quiseste manter vigilância sobre mim; o que não compreendes, mas o que te passou despercebido durante o teu sonho, é justo que eu te diga. Dizes que o sonho revelou-te que eu seria morto por uma ponta de ferro. Como são as garras de um javali? Como é uma ponta de ferro, a que tu temes? Pois se tivesse me dito que eu seria morto por um dente ou por parte dele, o que isso parece, seria preciso que tu fizesses as coisas que fazes; na realidade, pela ponta de ferro. Depois, a nossa batalha não será contra homens,

40. deixa-me ir". Creso respondeu: "Filho, há algo com o qual me vences com o teu pensamento quando me revelou outro aspecto da visão que tive em sonho; porque me venceste, mudei de ideia e te permito ir à

41. caçada". Após dizer isso, Creso mandou vir à sua presença o frígio Adrasto e, quando ele chegou, disse-lhe o seguinte: "Adrasto, eu, quando tu foste atingido por um desagradável infortúnio, pelo qual não te repreendo, eu te purifiquei e te hospedei em meu palácio, provendo toda a tua despesa; agora, pois, tu deves, pelas coisas úteis que eu te fiz antes, retribuir-me com coisas úteis. Eu tenho a necessidade de que tu faça a proteção do meu filho que está indo para a caçada, para que não apareçam para vós alguns ladrões perversos pelo caminho que vos causem algum dano. Além disso, é preciso que tu vás onde te tornarás famoso por teus feitos; pois há o que herdaste de teu pai e

42. ainda tens a força". Adrasto respondeu: "Ó rei, de outro modo eu mesmo não iria para esta missão; pois meu infortúnio não te seria útil, uma casa real é para companheiros que têm bom êxito frequentar, nem quero estar ao lado deles; por muitas razões, eu mesmo teria me mantido longe. Na realidade, porque tu me apressas, e que devo te agradar (pois te devo retribuição pelas coisas úteis) estou pronto para fazer isso, e teu filho, que me ordenas proteger, sob minha proteção,

43. aguarda que ele retornará são e salvo". Depois de ele ter respondido essas coisas a Creso, logo partiram equipados com os jovens selecionados e os cães. Quando chegaram à montanha do Olimpo, procuraram pela fera e, ao encontrá-la, colocaram-se em volta dela, em círculo, e lançaram seus dardos nela. Lá, então, o estrangeiro, esse que havia sido purificado pelo assassinato, chamado Adrasto, quando lançou seu dardo no javali, errou, e por acaso acertou o filho de Creso. E ele foi atingido por sua ponta e cumpriu-se o presságio do sonho; e rapidamente alguém anunciou o que se passara a Creso; e quando ele chegou ao palácio em Sárdis, explicou-lhe a luta

44. e o destino de seu filho. E, Creso, perturbado com a morte do filho, mais intensamente se lamentou, porque quem o havia matado tinha sido por ele mesmo purificado de um assassinato. Consternado pelo infortúnio, terrivelmente clamou por Zeus[116] Catársio[117],

---

116. Pai dos deuses e dos homens, Zeus, filho de Crono e Reia, reinou sobre todos depois de destronar o pai; sobre a origem e os acontecimentos que antecederam seu reinado, ler *Teogonia*, 468-506, de Hesíodo.

117. Epíteto de Zeus significa "Purificador". No *Hino órfico 15: Zeus*, verso 8, encontramos uma referência a esse atributo do deus.

que fosse testemunha de como estava sofrendo pelas ações do seu hóspede; e clamou por Zeus Epístio[118] e por Zeus Hetairo[119], ele mesmo nomeou assim o deus, um chamando-o Epístio, porque havia habitado em seu palácio, advertindo-o que não lhe passasse despercebido de que seu hóspede, que fora alimentado por ele, era o assassino de seu filho; e o outro, Hetairo, porque tinha sido enviado como protetor e havia descoberto que ele era o seu maior inimigo.

45. Depois disso, os lídios apresentaram-se trazendo o cadáver, e atrás deles seguia o assassino. Esse, colocando-se de pé diante do cadáver, ele se entregou a Creso, estendendo suas mãos, pedindo para que fosse imolado sobre o seu cadáver, falando a respeito do seu primeiro infortúnio, e que sobre esse estava a ruína de quem o purificara, e que não lhe era possível ficar vivo. Creso, após ouvir essas palavras, teve compaixão de Adrasto; embora havendo tamanho mal em sua casa, disse-lhe: "Hóspede, tenho de ti toda a justiça, uma vez que tu mesmo te condenas à morte. Mas tu não és a causa desse meu mal, a não ser na medida em que involuntariamente agiste, mas o é de um dos deuses, o que há muito me indicou os fatos que ocorreriam no futuro". Creso sepultou, como era o costume, o próprio filho; e Adrasto, filho de Górdio, filho de Midas, esse, que era o assassino de seu irmão, e um assassino para quem o purificara, depois que em torno da sepultura houve uma calmaria de homens, reconhecendo que era dentre os homens, daqueles que ele conhecia, o mais desventurado, imolou-se sobre o seu túmulo.

46. E, por dois anos, Creso permaneceu em profundo luto, por estar privado do seu filho; depois disso, Astíages[120], filho de Ciaxares,

118. Epíteto de Zeus significa "Fogo Doméstico", protetor do fogo doméstico, por conseguinte, associado à lareira, relacionado à esfera familiar.

119. Epíteto de Zeus significa literalmente "Companheiro"; por extensão, como sugere Chantraine, o deus da "Camaradagem", da "Amizade", assim é o deus protetor das relações de amizade.

120. Último rei do Império Medo, 596-560 a.C., sucedido após perder a guerra pelo rei persa Ciro. Embora tenha sido destronado, Astíages viveu na corte de Ciro até a sua morte, em aproximadamente 548 a.C.

teve sua hegemonia destruída por Ciro[121], filho de Cambises[122], e houve o crescimento dos empreendimentos dos persas, e isso fez Creso cessar a sua dor e mergulhar em preocupação, se de algum modo poderia, antes de os persas tornarem-se poderosos, tomar deles esse poder crescente. Depois desse pensamento, rapidamente, pôs à prova os oráculos dentre os que existiam entre os helenos e o do povo líbio, e enviou diferentes mensageiros para lugares distintos, uns para ir a Delfos, outros para Abas[123], nas regiões dos foceus, e outros ainda para Dodona[124]; alguns foram enviados para Anfiarau[125] e para Trofônio[126], e outros para o dos Brânquidas[127], na

---

121. Rei da Pérsia entre 559-530 a.C., recebeu o epíteto de "o Grande", por ter conquistado todos os povos vizinhos e fundado o Império Aquemênida, o maior de seu tempo.

122. Rei da Pérsia, 530-522 a.C., filho de Ciro, tornou-se notável por ter conquistado o Egito.

123. Cidade localizada na região da Fócida, famosa por seu oráculo de Apolo.

124. Localizado na região de Épiro, é o mais antigo santuário da Hélade, sendo o seu primeiro templo dedicado à deusa Reia ou Geia, a deusa-mãe. Depois, foram construídos diversos templos dedicados a Héracles, Dione, Afrodite, Têmis e Zeus; no período clássico, o oráculo de Zeus era o mais consultado.

125. Adivinho argivo que participou da caçada ao javali calidônio e da expedição dos Argonautas. No entanto, o adivinho tornou-se mais célebre por sua participação na malsucedida expedição dos Sete contra Tebas, para a qual foi enviado após um ardil de sua esposa, ciente de que ele morreria nessa expedição, o que de fato ocorreu; ele teve a morte vingada por seus filhos. Sobre o episódio em que sua mulher o convence a participar da expedição, consultar: *Biblioteca histórica*, IV, 65.4-66.1, de Diodoro Sículo. Há uma tragédia de Ésquilo em que o poeta conta a história dessa malfadada expedição em sua peça intitulada *Sete contra Tebas*.

126. Trofônio era irmão de Agamedes, ambos eram arquitetos e foram responsáveis pela construção do templo de Apolo em Delfos; construíram ainda um recinto para o tesouro de Hirieu, rei da Élide. Os irmãos roubaram o tesouro e, durante a fuga, Trofônio cortou a cabeça do irmão Agamedes, após este ter caído em uma armadilha, a fim de que não fosse identificado. Depois, Trofônio foi engolido pela terra em Lebadeia, em uma caverna, onde, mais tarde, tornou-se um oráculo consultado em nome de Zeus Trofônio. O oráculo era conhecido por causar palidez e desfiguração dos seus consulentes, daí o provérbio que se utilizava para alguém com semblante melancólico: "Este consultou o oráculo de Trofônio".

127. Família que cuidava do santuário de Dídimos em Mileto; oráculo considerado o segundo mais importante da Hélade depois do de Delfos. Lá havia o oráculo de

região milésia; esses foram os oráculos helênicos que Creso enviou para solicitar uma predição; e enviou outros à Líbia[128] para consultar o oráculo de Ámon[129]. Ele os enviou tendo em mente colocar à prova os oráculos; se compreendesse que descobriria a verdade, ele os enviaria uma segunda vez para perguntar-lhes sobre se acaso empreendesse

47. uma expedição militar contra os persas. Depois de ter instruído os lídios sobre estes oráculos, enviou-os para testar as respostas oraculares, e pediu que, desde esse dia em que ele partiu de Sárdis, então, contassem os dias durante esse tempo, quando estivessem no centésimo dia, que consultassem os oráculos e perguntassem: "O que Creso, o rei dos lídios, filho de Aliates, está fazendo?". E que escrevessem cada uma das palavras oraculares e as levassem para ele, e que não as proferissem de modo algum; em Delfos, o mais rápido possível, os lídios entraram na grande sala[130] para consultar o deus e perguntar sobre o que lhes fora instruído; a Pítia[131], em metro hexâmetro[132], proferiu estas palavras:

Apolo, que foi destruído pelos persas em 493 a.C., quando estes saquearam seus tesouros e subtraíram-lhe a estátua de bronze de Apolo.

128. Região do norte da África, vizinha ao Egito, banhada pelo Mar Mediterrâneo.

129. Originário de Karnak, um deus da mitologia egípcia considerado rei dos deuses e criador da vida, sendo identificado com o Sol.

130. O termo em heleno é mégaron (μέγαρον), que significa "grande sala". Os templos eram construções consideradas as moradas dos deuses, daí abrigarem suas imagens em forma de estátuas. O mégaron era uma construção de origem micênica composta por três partes: a primeira era o pórtico, pródomos, (πρόδομος), uma antessala aberta em frente à principal; a segunda era o vestíbulo, prónaos (πρόναος), uma espécie de átrio; a terceira era a sala principal, que recebia o mesmo nome da construção, mégaron, ou naós (habitação de um deus), onde estava localizada a imagem do deus ou da deusa, colocada em um pedestal e com um altar à sua frente.

131. Sacerdotisa de Apolo que cumpria o dever de pronunciar o oráculo do deus ao seu consulente.

132. Do vocábulo heleno hexamétros (ἑξαμέτρος), que significa "seis medidas". O verso hexâmetro atribuído à Pítia é o dactílico, formado por seis sílabas, leia-se ⏑ para uma sílaba breve e – para uma sílaba longa, no seguinte ritmo: – ⏑ ⏑ – ⏑ ⏑ . Sobre o uso dos versos hexâmetros dactílicos, no tratado *Do oráculo da Pítia*, de

Eu conheço o número de grãos e a medida do mar,
também ouço o mudo e escuto quem não fala.
Veio-me às entranhas o odor de couro forte da tartaruga,
cozida no bronze com carne de cordeiro,
em que o bronze está por baixo, e se sobrepõe ao bronze.

48. Depois, os lídios escreveram essas palavras oraculares da Pítia, partiram e foram em direção a Sárdis. Quando os demais que haviam sido enviados se apresentaram com os oráculos, naquele momento, Creso abriu e observou cada uma das palavras escritas nos papéis. E ele não concordou com elas; quando ele ouviu o oráculo que veio de Delfos, imediatamente, fez preces e recebeu-o favoravelmente, considerando que somente o Oráculo de Delfos tinha o procedimento divinatório, porque havia descoberto as coisas que ele tinha feito. Depois de ter enviado os seus mensageiros para inquirir os oráculos, guardando os dias fixados, tramou o seguinte: planejou coisas que eram impossíveis de serem descobertas e declaradas, cortou uma tartaruga e um cordeiro em pedaços iguais, e cozinhou-os em um caldeirão de bronze e uma tampa de bronze foi colocada por cima.

49. Assim, as palavras vindas de Delfos foram proclamadas a Creso; a respeito da resposta da adivinhação de Anfiarau, o que foi perguntado pelos lídios, após terem realizado os rituais de costume no templo, não posso dizer outra coisa sobre ela (pois nada foi dito sobre isso), senão que considerei que essa adivinhação recebida não está enganada.

50. Depois disso, costumava, por meio de grandes sacrifícios, tornar o deus de Delfos propício; pois sacrificou três mil animais, todos próprios para o sacrifício, e queimou, em uma grande fogueira, leitos revestidos de ouro e de prata, taças de ouro, túnicas púrpuras e mantos fiados; e, esperando que o deus lhes fosse mais favorável, ordenou a todos os lídios que sacrificassem todas as coisas, tudo o

---

Plutarco, séculos I e II d.C., constrói seu diálogo em torno do debate sobre a imperfeição linguística e a métrica de muitos oráculos, permeado pela questão central posta na correlação que se estabelece entre o fim dos vates versificados e a decadência da arte divinatória helena, em particular, do Oráculo de Delfos.

que cada um deles tivesse. Quando havia feito o sacrifício, derreteu uma imensurável quantidade de ouro e retirou dela meios tijolos, os mais largos, moldando-os com a medida de seis palmos, e os mais curtos, com o tamanho de três palmos, e a altura, com a medida de um palmo, em número de cento e dezessete; dentre os quais, quatro eram de ouro refinado, cada um pesando dois talentos e meio, e os restantes dos meios tijolos eram de ouro branco, com o peso de dois talentos. E ainda foi moldada a imagem de um leão de ouro refinado, tendo o peso de dez talentos; esse leão, depois de o santuário de Delfos ter sido queimado, caiu dos meios tijolos (nos quais estava fixado) e agora jaz no tesouro dos coríntios, tendo o peso de seis talentos e meio; pois três talentos e meio

51. derreteram dele. Quando essas oferendas foram concluídas, Creso enviou-as para Delfos com essas outras a seguir: duas crateras enormes de ouro e de prata; a de ouro delas foi colocada à direita da entrada do templo e a outra de prata, à esquerda; essas foram mudadas de lugar quando foram queimadas pelo templo em chamas, e a de ouro jaz no tesouro dos clazomênios, tendo o peso de oito talentos e meio e mais doze minas[133], a de prata fica no canto do vestíbulo do templo, que tem a capacidade para receber seiscentas ânforas[134]; que são usadas pelos delfos para misturar água ao vinho nas Teofanias[135]; os delfos contam que ela é obra de Teodoro[136] de

---

133. Medida de peso helena, cada mina tinha o valor aproximado de 324 gramas.

134. Artefato de cerâmica, com um gargalo estreito, com duas alças simétricas para o carregamento, com bojo longo e comprido e uma base pontiaguda de sustentação para ser encaixada, e outra base com furos arredondados e perfilados, que eram adequados ao transporte em naus mercantes. Os produtos transportados nesses vasos eram, em geral, líquidos, como vinho, azeite, água, mas também serviam para o transporte de cereais. Outra característica desses recipientes era que também serviam para o armazenamento de alimentos nos lares. Calcula-se que, em média, cada ânfora tenha a capacidade de 3 litros e meio.

135. Festival realizado em Delfos para mostrar publicamente estátuas de Apolo e dos demais deuses helenos, pois *Teofaníai* (Θεοφανίαι) literalmente significa "aparições dos deuses".

136. Hábil inventor, arquiteto e escultor heleno nascido na ilha de Samos, filho de Reco. Famoso por ter esculpido, com seu irmão Télecles, uma estátua de madeira de Apolo Pítio na sua ilha natal. Consultar *Biblioteca histórica*, I, 98.5, de Diodoro

Samos[137], e eu mesmo penso isso; pois me parece que não é um trabalho comum. E ele enviou também quatro jarros de prata, os quais estão depositados no tesouro dos coríntios, e dois jarros de água lustral[138], um de ouro e outro de prata; no de ouro, está escrito a afirmação de que é uma oferenda dos lacedemônios, mas não o dizem corretamente; pois esse é de Creso, e isso foi sobrescrito por algum dos delfos que quis agradar aos lacedemônios, embora sabendo o seu nome, não o mencionarei; mas o menino, pelas mãos do qual corre a água, é dos lacedemônios; todavia, não é deles nenhum dos dois jarros de água lustral. Mas Creso enviou muitas oferendas que não tiveram a sua marca particular[139], e, juntamente com elas, também foram filamentos circulares de prata, além de uma estátua de ouro de uma mulher, com a medida de três côvados[140]; os delfos contam que essa estátua era a representação da padeira de Creso[141]. Além disso, Creso ofertou as joias do colar de sua esposa,

---

Sículo. Também há o registro de que foi o inventor da fundição estatuária em bronze. Consultar: Pausânias, *Descrição da Grécia*, VIII, 14.8. No relato de Pausânias, Diodoro era filho de Télecles e Reco, filho de Fileu, teria sido o seu companheiro na referida invenção.

137. Ilha helena situada no Mar Egeu.

138. Recipientes usados para fazer aspersões e banhos rituais, com a finalidade de purificação.

139. Os reis tinham anéis com o brasão de sua família ou uma imagem pessoal, com os quais marcavam seus símbolos nos objetos, como cartas ou oferendas, e através deles eram reconhecidos.

140. Medida helena de comprimento, cada côvado tinha aproximadamente 66 cm.

141. Em um diálogo, Plutarco relatava que um dos dois guias de Delfos contou-lhe que Creso mandou fazer uma estátua da sua padeira e a mandou depositar no santuário, fato que foi considerado um insulto por um de seus colegas, Téo, pois se tratava de uma mulher comum, a não ser que houvesse um motivo honesto. Então, Plutarco contou-lhe que o guia lhe relatou que Aliates, pai de Creso, casou-se novamente e que teve filhos com sua segunda esposa, a qual quis envenenar Creso, quando ela ordenou à padeira real que colocasse veneno na massa do pão destinado ao enteado, mas a padeira o avisou secretamente do ardil de sua madrasta, que tinha a intenção de tornar o seu filho rei, em vez de Creso. Portanto, por esse ato que salvou sua vida, o rei ofertou uma estátua em homenagem a sua padeira; consultar: *Do oráculo da Pítia*, 401E-F.

52. e também os seus cintos. E ele enviou essas oferendas para Delfos; e para Anfiarau, porque ele mesmo estava informado da sua excelência e do seu padecimento[142], dedicou um escudo todo por igual de ouro e uma lança de ouro maciço, sendo a lança nas pontas igualmente de ouro; ambas as oferendas ainda na minha época jaziam em Tebas[143], no templo de Tebas de Apolo[144] Ismênio[145].

53. E Creso ordenou aos lídios que iriam levar esses presentes para os templos que perguntassem aos oráculos se Creso deveria organizar uma expedição militar contra os persas e se deveria ter ao seu lado algum exército amigo. Quando chegaram, os lídios dedicaram as oferendas que foram enviadas e consultaram os oráculos, dizendo o seguinte: "Creso, o rei dos lídios e de outros povos, considerando que estas são as únicas respostas oraculares confiáveis entre os homens, concedeu-vos dignos presentes pelas vossas descobertas e agora vos pergunta se deve organizar uma expedição militar contra os persas, e se deve levar ao seu lado um exército aliado". E eles os consultaram sobre isso, e as sentenças de ambas as respostas oraculares concorriam para isso mesmo, anunciaram a Creso que, se organizasse uma expedição militar contra os persas, destruiria um grande império; e que encontrasse os mais poderosos dentre os helenos e concordasse em ser seus amigos,

---

142. Como vimos na nota sobre Anfiarau, ele foi convencido por sua esposa a participar da expedição dos Sete contra Tebas. Enquanto fugia da morte, batendo em retirada, houve uma erupção terrestre que abriu uma fenda na qual ele desapareceu. Segundo o mito, um santuário foi erigido em sua homenagem, em Oropo, local em que eram dados oráculos em sonhos.

143. Cidade helena localizada na península do Peloponeso. Vários mitos advinham dessa cidade, mas o mais famoso está na peça de Sófoles, *Édipo rei*, de 427 a.C., que relata os infortúnios de um filho que mata seu pai, casa-se com sua mãe e tem filhos com ela.

144. Filho de Zeus e Leto, irmão gêmeo da deusa Ártemis, é considerado o deus da adivinhação e da música, conhecido por sua excepcional beleza física.

145. Um dos epítetos de Apolo, que teve com a ninfa Mélia um filho chamado Ismênio, nascido em Tebas. Tal epíteto se deve ao fato de o templo de Apolo em Tebas estar junto do seu filho.

54. para tê-los ao seu lado. Depois de Creso ter as predições trazidas, alegrou-se com as palavras oraculares, e ficou completamente esperançoso de que destruiria o reino de Ciro; enviando-os novamente para Pito[146], em Delfos. Após ser informado sobre o número de cidadãos delfos, presenteou cada homem com duas estáteres[147] de ouro. E os delfos, em troca, deram a Creso e aos lídios o direito de serem os primeiros a consultar o oráculo, isenção de impostos, lugares de honra e a permissão, a quem deles quisesse,

55. para tornar-se um cidadão delfo para sempre. E Creso, depois de presentear os delfos, consultou o oráculo pela terceira vez; uma vez que havia recebido uma resposta oracular verdadeira, fazia uso dele sem moderação. Ao consultar o oráculo, perguntou o seguinte: se a sua monarquia seria duradoura. E a Pítia proferiu o seguinte oráculo:

> Mas quando um mulo tornar-se rei dos medos,
> então, lídio, de pés delicados, pela margem do Hermo[148]
> coberta de pedrinhas, fuja e não esperes,
> nem te envergonhes por seres um covarde.

56. Com a chegada desses versos, Creso alegrou-se muito mais que com os outros, tendo a expectativa de que um mulo, em vez de um homem, jamais seria rei dos medos, e que nem ele mesmo nem seus sucessores teriam algum dia o seu poder interrompido. Depois disso, preocupou-se com investigar sobre quem seriam os mais poderosos dentre os helenos e quais poderiam ser seus amigos. Após investigar, descobriu que os lacedemônios e os atenienses eram os mais proeminentes, aqueles eram da raça dórica e estes da iônica. Pois essas eram as raças mais eminentes, sendo antigamente os lacedemônios da raça pelásgica e os atenienses da helênica. Esta jamais saiu de sua região, enquanto aquela estava intensamente em

---

146. Região na qual estava situada a cidade de Delfos.

147. Um tipo de moeda helena cunhada em ouro ou prata, com valor equivalente a quatro dracmas.

148. Rio da Lídia localizado em um vale fértil ao norte da cidade de Sárdis.

contínuo movimento. Pois, no tempo do rei Deucalião[149], habitava na região ftiota[150], no tempo de Doro[151], filho de Heleno[152], habitava a região dos Montes Olimpo e Ossa[153], chamada Hestieótide[154]; e saiu da Hestieótide, quando foi forçada pelos cadmeus a emigrar, e foi morar em Pindo[155], chamado de Macedno[156]; de lá, novamente mudou para Driópide[157]; assim, quando foi para o Peloponeso[158],

149. Deucalião é filho de Prometeu e de Clímene, ou de Celeno. Desposou Pirra, filha de Epimeteu e de Pandora. Após Zeus avaliar que a raça humana da Idade do Bronze era cheia de vícios e indigna de andar sobre a Terra, o deus decidiu eliminá-la da Terra; assim, planejou o envio de um dilúvio, a fim de que matasse todos os humanos afogados, mas resolveu poupar dois seres humanos que considerava serem justos: Deucalião e Pirra. Então, Prometeu aconselhou seu filho a construir uma embarcação, um grande baú no qual se salvaram durante o período em que choveu por nove dias e nove noites. Findada a fase da intensa chuva e com o aparecimento da terra firme, o casal desembarcou nas montanhas da Tessália. Nesse momento, Zeus enviou Hermes para informá-lo de que ele realizaria um pedido dele, quando Deucalião disse que gostaria de ter outros companheiros. Para cumprir sua promessa, Zeus ordenou a Deucalião e Pirra que atirassem os ossos de Geia (Terra) por cima de seus ombros. No entanto, Pirra ficou espantada com a ordem, mas logo Deucalião percebeu que se tratava de pedras, os ossos de Geia, e das pedras dele nasceram os homens e das dela, as mulheres. Consultar: Apolodoro, *Biblioteca*, I, 7.2.

150. Região da Ftia, localizada na Tessália, ao norte de Hélade.

151. Herói epônimo dos dórios, isto é, que deu nome a eles. Filho de Heleno e de Orsis, neto de Deucalião e Pirra. Depois de ter habitado a região da Ftia, Doro e seus descendentes deslocaram-se para a região dos Montes Olimpo e Ossa, migraram para várias regiões até se estabelecerem em Peloponeso.

152. Heleno era pai de Doro, Éolo, Aqueu e Íon, que deram nome aos povos helênicos, por esse motivo são chamados de ancestrais epônimos dos dórios, eólios, aqueus e iônios, povos que compunham a Hélade em sua formação inicial.

153. Monte localizado na região de Larrisa, na Tessália, entre os Montes Pélio e Olimpo.

154. Região da Tessália.

155. Região formada por montes que compõem uma cordilheira ao norte de Hélade, entre o Mar Iônio e o Mar Egeu.

156. Significa literalmente "de grande altura". Região localizada ao norte de Hélade, na cordilheira do Monte Pidno.

157. Antigo nome da Dóride, uma região montanhosa localizada entre a Etólia, o sul da Tessália, a Lócride e a Fócide.

158. Península helena na qual estão localizadas as cidades de Argos, Micenas, Tebas e Esparta, para falar das mais famosas.

57. a raça foi chamada de dórica. Qual a língua que os pelasgos falavam, não posso dizer com exatidão; se é conveniente formar um juízo para afirmar com as que ainda hoje existem dentre os pelasgos, daqueles que habitam acima dos tirrenos, a cidade de Crotona[159], um dia foram vizinhos aos que hoje chamamos dórios (e nessa época habitavam a região que hoje chamamos Tessaliótide[160]), e dentre os pelasgos que habitam a Plácia[161] e a Cílace[162] no Helesponto[163], eles foram viver no mesmo território com os atenienses, e as outras pequenas cidades, que eram pelásgicas, depois mudaram de nome, se por essas for conveniente, deve-se dizer que os pelasgos eram falantes de uma língua bárbara. Se então toda essa raça era pelásgica, o povo ático, sendo pelásgico, juntamente com sua mudança para a Hélade também aprendeu a língua. Pois também os crotoniatas e placianos falam a mesma língua, e jamais falaram a mesma língua que os seus vizinhos de agora, e é evidente que eles trouxeram as características da sua língua quando se mudaram para essas regiões, conservando-a.

58. E a raça helênica, desde que se originou, sempre falou a mesma língua, o que me parece ser claro. Todavia, quando se separou da raça pelásgica, estava em número reduzido e, desde o início, saindo de um pequeno número, cresceu até atingir uma multidão de povos, sobretudo porque muitos pelasgos e outros numerosos povos bárbaros uniram-se a essa raça; além disso, parece-me que nenhum povo pelasgo, enquanto era bárbaro, de modo algum cresceu com grandiosidade.

59. A respeito desses povos, Creso foi informado de que o ático tinha sido dominado e dividido por Pisístrato[164], filho de

---

159. Cidade do sul da Itália, localizada na Península Itálica.

160. Um dos distritos da Tessália.

161. Região situada na costa asiática do Helesponto.

162. Cidade situada na Mísia, região da Ásia Menor, na Anatólia.

163. Estreito que liga o Mar Egeu ao Mar de Mármara na Ásia Menor.

164. Tirano de Atenas, 560-527 a.C. Alcançou a tirania depois de simular uma tentativa de assassinato contra si mesmo, obtendo, assim, uma guarda pessoal com a qual

Hipócrates[165], nessa época em que foi tirano dos atenienses. Hipócrates era um cidadão comum; quando estava assistindo aos Jogos de Olímpia[166], ocorreu-lhe um grande presságio apavorante; depois de fazer suas oferendas sacrificiais, os caldeirões assentados estavam cheios de carne e de água e, sem o fogo, ferviam e transbordavam. E o lacedemônio Quílon[167], que, por acaso, estava presente, depois de assistir ao presságio apavorante, aconselhou Hipócrates a não levar para a sua casa a primeira mulher que pudesse dar à luz e, se por acaso já tivesse uma, que rejeitasse a segunda mulher; e se tivesse um filho, que o repudiasse. Hipócrates não quis obedecer ao que lhe foi aconselhado por Quílon; depois disso, Pisístrato nasceu, o que promoveu a desordem social entre os atenienses do litoral e os do continente, aqueles liderados por Mégacles[168], filho de Alcméon[169], os vindos do continente por Licurgo[170], filho de Aristolides[171]; porque tinha pretensão à

---

tomou a Acrópole. Em seguida, foi expulso e retornou depois de estabelecer um acordo com Mégacles, sendo novamente expulso. Então, armou-se e venceu Mégacles na Batalha de Palene, reassumindo a tirania e ocupando o poder até morrer.

165. Autoproclamava-se descendente dos exilados de Pilos, os filhos de Neleu, que vieram para Atenas; o nome de seu filho Pisístrato foi uma homenagem ao filho homônimo de Nestor.

166. Cidade da península do Peloponeso onde ocorriam os Jogos Olímpicos, instituídos em 776 a.C., que compreendiam competições atléticas e realização de rituais religiosos em honra a Zeus.

167. Segundo Diógenes Laércio, era filho de Damageto, Quílon de Esparta foi um éforo do ano da 55ª Olimpíada, calcula-se que em 555 a.C.; muito conhecido por sua sabedoria, integrava algumas listas dos Sete Sábios da Hélade. O filósofo atribui-lhe ainda 200 versos elegíacos. Consultar: Diógenes Laércio, *Vidas e doutrinas dos filósofos ilustres*, III, 68-73.

168. Tirano ateniense do século VI a.C., seguidor das reformas de Sólon, pertencia à família dos Alcmeônidas. Para estabelecer aliança com os Pisistrátidas, ofereceu sua filha em casamento a Pisístrato.

169. Século VI a.C., um dos descendentes da família dos Alcmeônidas, acusado de ter enriquecido com o ouro dos lídios.

170. Ateniense membro da facção contrária a Psístrato, que, ao lado de Mégacles, tramou um levante para derrubar o poder do tirano.

171. Conhecido apenas por ser o pai de Licurgo.

tirania, reuniu uma terceira facção e, agrupando partidários, com a justificativa de defender os habitantes das regiões montanhosas, tramou o seguinte: ferindo-se a si mesmo e aos seus mulos, conduziu seu carro para a ágora, como que fugindo dos inimigos, os quais queriam matá-lo, enquanto ele se dirigia para o campo – como estava fingindo –, então, pediu ao povo para ter uma guarda própria, porque antes obteve boa reputação na expedição militar ocorrida contra os megarenses, quando capturou Nisea[172] e realizou outros feitos grandiosos. E o povo ateniense, enganado, concedeu-lhe trinta homens, escolhidos dentre os cidadãos, que não se tornaram os lanceiros de Pisístrato, mas seus guarda-costas; pois portavam clavas de madeira e seguiam atrás dele. Depois que esses se rebelaram com Pisístrato, tomaram a Acrópole. Bem nesse momento, Pisístrato governou os atenienses, não alterando os que eram magistrados nem mudando as leis, e sob essas circunstâncias estabelecidas, administrou a

60. cidade bela e ordenadamente bem. Depois de não muito tempo, os partidários de Mégacles e de Licurgo reuniram-se para o mesmo fim e o baniram. Assim, Pisístrato, no início, teve o domínio sobre Atenas, e porque não tinha a tirania muito enraizada, ele a perdeu, e aqueles que baniram Pisístrato novamente, em pouco tempo, provocaram dissensões uns com os outros. E Mégacles, cercado pela dissensão, enviou um arauto para anunciar a Pisístrato que, se ele quisesse tomar sua filha como esposa, ficaria à frente da tirania. Quando Pisístrato aceitou a proposta e concordou com as condições, eles tramaram, então, o mais tolo plano para que ele retornasse do exílio[173], como eu o avalio, em muito (visto que, desde a época mais antiga, o povo helênico destaca-se por ser mais hábil que o bárbaro, por sua boa índole, por distanciar-se do que é insensato), embora, naquele momento, esses, entre os atenienses que se intitulavam os primeiros quanto à sabedoria dos helenos, tramaram os

---

172. Nome do porto da antiga Mégara.

173. Depois do levante arquitetado por Licurgo e Mégacles, Pisístrato exilou-se em um local não registrado pelas fontes.

ardis que se seguem. No demo de Peânia[174] havia uma mulher, cujo nome era Fia[175], faltando três dedos para atingir a estatura de quatro côvados; além disso, ela tinha um belo aspecto. Eles equiparam essa mulher com uma panóplia[176] e colocaram-na dentro de um carro de guerra, fazendo-a simular uma imagem que fosse capaz de ela se exibir com uma aparência um tanto mais bela, e conduziram-na para a cidade, enviando arautos que corriam à sua frente, os quais anunciavam suas ordens enquanto se aproximavam da cidade, dizendo as seguintes palavras: "Atenienses, recebei Pisístrato com bom sentimento, o qual a própria Atena honra mais dentre os homens, e ela mesma o conduz para a Acrópole". Eles, então, indo de um lado para o outro, disseram isso, e imediatamente ao anunciado, que Atena havia reconduzido Pisístrato, chegou aos demos e eles foram persuadidos de que a mulher que estava na cidade era a própria deusa e dirigiram suas preces a ela e acolheram Pisístrato.

61. Depois de ter retomado a tirania, do modo como relatei, Pisístrato, conforme o acordo feito com Mégacles, desposou a filha de Mégacles. Como ele tinha filhos adolescentes, e diziam que os Alcmeônidas[177] estavam sob o peso de uma maldição, não queria ter filhos da mulher de seu recém-casamento e mantinha relações sexuais fora dos costumes com ela. No início, a mulher escondia isso, depois, quer tenha sido investigada, quer não, contou à mãe, e esta ao marido. E ele sentiu algo terrível por ter sido desonrado por Pisístrato. Pela cólera que tinha, reconsiderou sua inimizade com as facções. Quando soube das ações contrárias a ele, Pisístrato foi

---

174. Um dos distritos áticos, isto é, localizado na Ática, cuja cidade principal era Atenas.

175. Personagem retratada somente por Heródoto.

176. Um conjunto de armas que formava uma armadura completa, típica de um soldado hoplita, composto de um escudo, um elmo, uma couraça e uma cmênide. Estima-se que esse armamento completo pesava entre 22 e 31 quilos.

177. Os Alcmeônidas foram uma das famílias mais importantes da aristocracia ateniense. Durante a tirania de Pisístrato (século VI a.C.), a família foi exilada pelo tirano. Na mesma época, os Alcmeônidas financiaram e incentivaram a reconstrução do santuário de Delfos, incendiado em 548 a.C. Dentre os seus membros mais ilustres, estão Clístenes e Péricles.

embora da região, partindo para Erétria[178], onde debateu a situação com os filhos. E Hípias[179] venceu o debate, com a opinião de que sua tirania deveria ser reconquistada; nesse momento, levantaram doações das cidades as quais tinham algum débito de gratidão para com eles. E muitas delas proveram-lhes com grande soma de dinheiro, e os tebanos os superaram em doação. Depois disso, para não relatar uma longa história, o tempo passou e todas as coisas já estavam prontas para o retorno, pois também os mercenários argivos vieram do Peloponeso, e um homem náxio veio com eles como voluntário. O seu nome era Lígdamis[180], que se apresentou com muita boa vontade,

62. trazendo dinheiro e homens. E saíram de Erétria, depois de onze anos, retornaram. E o primeiro lugar da Ática[181] em que eles se detiveram foi em Maratona[182]. Nessa mesma região, enquanto eles organizavam uma expedição militar, as facções da cidade ateniense vieram até eles, e outras dos demos confluíam, para as quais a tirania era mais agradável que a liberdade. Esses então se reuniram, e Pisístrato levantou o dinheiro; e mais tarde, enquanto dominava Maratona, os atenienses da cidade não deram importância alguma ao fato, depois de terem sido informados sobre os eventos de Maratona; e ele marchou contra a cidade ateniense, assim logo vieram socorrer a cidade.

---

178. Cidade helena situada na ilha de Eubeia, local do segundo exílio de Pisístrato.

179. Filho mais velho de Pisístrato, Hípias sucedeu seu pai na tirania. Em 514 a.C., depois do assassinato de seu irmão Hiparco, Hípias tornou-se mais intransigente em suas ações políticas, oprimindo o povo, o que causou a revolta dos cidadãos atenienses. Alguns cidadãos simpatizantes e até mesmo descendentes dos lacedemônios solicitaram a ajuda dos espartanos para depor o tirano. Então, em 510 a.C., eles depuseram Hípias, que se exilou em Sigeu, um promontório localizado na Tróade.

180. Membro da oligarquia da ilha helena de Naxos, Lígdamis iniciou sua tirania no ano de 524 a.C.; antes disso, participou, em 546 a.C., da retomada da tirania de Pisístrato em Atenas.

181. Península helena cuja cidade mais proeminente é Atenas.

182. Cidade helena da Ática conhecida pela famosa batalha travada entre helenos e persas, vencida pelos primeiros, em 490 a.C., e narrada nos Livros VI e VII destas *Histórias* de Heródoto.

E esses foram com o seu exército inteiro em direção aos que estavam retornando do exílio e aos que estavam em torno de Pisístrato. Quando saíram de Maratona e foram para a cidade ateniense, depois de reunirem-se neste mesmo lugar, rumaram para o templo de Atena Palenida[183] e colocaram suas armas na frente dele. Lá, por uma disposição divina, para o seu serviço, o acarneu Anfílito[184], um intérprete de oráculos que estava ao lado de Pisístrato, proferiu-lhe um oráculo em metro hexâmetro, dizendo o seguinte:

> A cilada está lançada, e a rede estendida,
> e os atuns nela se precipitam pela noite à luz do luar.

63. Então, inspirado por um deus, ele lhe proferiu esse oráculo, e Pisístrato, depois de compreender a fala oracular e dizer que aceitava o oráculo, marchou com seu exército. Os atenienses da cidade estavam voltados para o almoço nesse momento, e depois do almoço, alguns deles foram jogar dados e outros foram dormir. E os que estavam em torno de Pisístrato voltaram-se para atacar os atenienses. Enquanto estes estavam fugindo, nesse momento, Pisístrato imaginou o mais hábil artifício, a fim de que os atenienses não se reunissem e ainda ficassem dispersos; e enviou seus filhos montados em cavalos, os quais capturavam aqueles que estavam fugindo e diziam-lhes as instruções dadas por Pisístrato, que os ordenava a ter coragem e a cada um retornar aos seus assuntos.

64. Porque os atenienses lhe obedeceram, assim Pisístrato dominou Atenas pela terceira vez e enraizou a tirania com muitos mercenários e com arrecadações de dinheiro, de uns que eram seus partidários de lá mesmo e de outros das imediações do Rio Estrímon[185]; também capturou os atenienses, os que não fugiram imediatamente, ele os

---

183. Epíteto que se refere à península e à cidade de Palene, localizada na região da Calcídia.

184. Intérprete de oráculos, nascido na Acarnas, um demo ático situado ao noroeste da Ática.

185. Rio da Trácia. Segundo Hesíodo, Estrímon é filho de Oceano e de Tétis. Consultar: *Teogonia*, 337-339.

manteve como reféns e os conduziu para colocá-los em Naxos[186] (pois Pisístrato também havia subjugado a ilha pela guerra e a havia confiado a Lígdamis). Além disso, por causa dos oráculos, ainda purificou a ilha de Delos[187] para eles, purificando-a do seguinte modo: a partir do templo, até onde a vista alcançava, foram desenterrados os cadáveres de toda essa terra e transferidos para outra região de Delos. E Písístrato exerceu a tirania sobre os atenienses; e, dentre estes, uns tombaram na batalha e outros fugiram com os Alcmeônidas de suas casas.

65. E Creso foi informado sobre esses acontecimentos que os atenienses suportavam nessa época; e os lacedemônios já haviam escapado desses grandes males e já eram vencedores na guerra contra os tegeatas. Pois, na época do reinado de Léon[188] e de Hegesicles[189], em Esparta[190], os lacedemônios tiveram boa sorte nas demais guerras e somente contra os tegeatas sofreram um revés do destino. E ainda, no início, eram os que tinham as piores leis dentre quase todos os helenos e estavam isolados com relação a eles mesmos e aos estrangeiros. E mudaram para a boa legislação[191] assim:

186. Ilha helena situada no Mar Egeu, compunha o complexo de ilhas chamado Cíclades.

187. Uma das menores ilhas helenas que compõem as Cíclades, que recebem esse nome por estarem no centro do Mar Egeu e, juntas, terem o formato de um círculo; não à toa, seu nome deriva do termo *kýklos* (κύκλος), que significa "círculo".

188. Rei espartano, filho de Euricrátides, pertencia à Casa dos Ágidas; reinou entre 590 e 560 a.C.

189. Rei espartano, filho de Arquidamo, pertencia à Casa dos Euripôntidas; reinou entre 575 e 550 a.C.

190. Cidade localizada na península do Peloponeso, na região da Lacônia, também conhecida como Lacedemônia, da qual era sua cidade principal. Esparta tinha um sistema político pautado em uma diarquia, ou seja, tinha dois reis, um proveniente da Casa dos Ágidas e o outro da dos Euripôntidas. Sobre a lista e as possíveis datações dos reis das duas casas, consultar Pausânias, *Descrição da Grécia*, III, 1.7-11.5.

191. O termo heleno usado é *eunomía* (εὐνομία), que pode ser traduzido por boa ordem ou boa lei. A palavra *eunomia* possui uma riqueza semântica que nos leva a pensar em obediência à lei ou ao costume (ambos os conceitos estão contidos na palavra *nómos*, νόμος) e ainda a posse de boas leis e de bons costumes.

Licurgo[192], um homem notável dentre os cidadãos espartanos[193], foi a Delfos para consultar o seu oráculo. Quando entrou no vestíbulo, rapidamente a Pítia disse o seguinte:

> Vieste, Licurgo, ao meu rico templo,
> caro a Zeus e a todos[194] que habitam os palácios do Olimpo.
> Estou em dúvida se profetizarei a ti como um deus ou um homem;
> mas ainda suponho que és mais um deus, Licurgo.

Além disso, alguns dizem que, então, a Pítia proferiu-lhe a ordem estabelecida que ainda hoje existe entre os cidadãos espartanos; e os próprios lacedemônios dizem que, enquanto Licurgo era tutor de Leobotes[195], seu sobrinho, que reinava sobre os cidadãos espartanos[196], trouxe esses preceitos de Creta[197]. Quando ele ocupou

---

192. Legislador espartano, século VII a.C., conhecido por ter implementado um conjunto de leis denominado Grande Retra, que os espartanos acreditavam terem sido ditadas pelo Oráculo de Delfos. Para mais detalhes sobre o legislador e suas leis, consultar Plutarco, *Vida de Licurgo e Vida de Sólon* (XVI, 2), e Xenofonte, *A constituição dos lacedemônios.*

193. O termo em heleno é *spartiátēs* (Σπαρτιάτης), traduzido comumente como "esparciata", nome dado exclusivamente ao indivíduo cidadão espartano, distinguido por ter nascido em Esparta e ser filho de cidadãos espartanos. Em nossa tradução, optamos por traduzir *spartiátēs* (Σπαρτιάτης) sempre por "cidadão espartano", em lugar de "esparciata".

194. Pítia refere-se aos demais deuses olímpicos.

195. Rei espartano da Casa dos Ágidas, estima-se que tenha reinado entre 870-840 a.C.

196. Algumas traduções registram-no como rei de Esparta, mas o texto em heleno diz: *basileúontos dè Spartiētéōn* (βασιλεύοντος δὲ Σπαρτιητέων), que optamos por traduzir como "que reinava sobre os cidadãos espartanos". Opção que se justifica pelo conceito de igualdade em Esparta. Por essa razão, o rei reina entre os seus iguais, ou seja, entre os cidadãos espartanos. Os demais, como periecos e hilotas, eram governados pelas leis espartanas, dado que se reforça com o fato de que os reis espartanos eram responsáveis pelas guerras e pelos rituais religiosos, assumindo o papel de chefe militar e religioso. Tais atividades eram exclusivas dos cidadãos espartanos até a época da chamada Revolução Hoplita, fim do século VII e início do VI a.C., quando o exército não era mais composto apenas por cidadãos espartanos.

197. Maior ilha helena, localizada no Mar Egeu.

a função de tutor, rapidamente mudou todas as leis e preveniu-se para que estas não fossem transgredidas. Depois disso, Licurgo estabeleceu as leis para as guerras, as *enomotias*[198], as *triecadas*[199] e as sissítias[200],

66. além dessas, também para os éforos[201] e os gerontes[202]. Assim, eles fizeram suas mudanças para ter boas leis e, quando Licurgo morreu, eles lhe dedicaram um templo, onde o veneram magnificamente. Como eles tinham um território fértil[203] e um grande número de homens, prosperaram e floresceram imediatamente. Então, eles não mais se contentavam em permanecer sem conflito, mas, porque subestimavam os arcádios por serem superiores a eles, consultaram o Oráculo de Delfos a respeito de seu avanço em todo o território da Arcádia[204]. E a Pítia proferiu-lhes o seguinte oráculo:

> Pedes-me[205] a Arcádia? Pedes-me grande coisa; essa não te concederei.

---

198. Significa literalmente "corpo de soldados jurados".

199. Divisão política e religiosa de trinta famílias; provavelmente formavam esses grupos para a distribuição de tarefas religiosas e contagem de votos nas assembleias.

200. Refeições públicas, comuns aos homens e aos jovens cidadãos espartanos.

201. Magistrados eleitos anualmente, em número de cinco. Exerciam funções administrativas, judiciais e disciplinares. No período clássico da história espartana, os éforos passaram a ter mais poderes que os reis.

202. O gerontes compunham a Gerusia, um Conselho de Anciãos de Esparta, composto por trinta membros, incluindo os dois reis; os demais eram eleitos entre os cidadãos com idade de 60 anos.

203. A região do Peloponeso é a mais fértil da Hélade, por esse motivo havia constantes guerras de conquistas em seu território.

204. Localizada na península do Peloponeso, vizinha de Esparta, a região da Arcádia é conhecida por seus vales férteis, mas principalmente por suas atividades pastoris; por essa razão, é muito citada nas poesias bucólicas.

205. Interessante notar que, embora Heródoto afirme que os lacedemônios consultaram o oráculo, a Pítia responde na segunda pessoa do singular, indicando que ela proferia o oráculo não para todos que fossem consultá-la, mas somente para quem a interrogava, e que este transmitia suas palavras aos que o acompanhavam.

Há muitos homens na Arcádia que se nutrem de glandes[206],
e eles te impedirão. Mas eu não me oponho a ti;
e te concederei a Tégea[207], onde dançarás batendo com os pés
e sua bela planície medirás com uma corda[208].

Quando os lacedemônios ouviram essas palavras que lhes foram trazidas, não se importaram com as outras regiões da Arcádia e fizeram uma expedição militar contra os tegeatas, levando grilhões com eles, confiantes no ambíguo oráculo[209] de que então reduziriam os tegeatas à escravidão. Mas foram vencidos no combate e foram capturados pelos tegeatas como cativos, com os grilhões que eles mesmos tinham levado, e depois de terem feito a medição da planície dos

---

206. Fruto do carvalho, mais conhecido como bolota.

207. Uma das cidades integrantes da região da Arcádia. Isso demonstra que a Pítia, para não descontentar o povo lacedemônio, não lhe concedeu toda a região, mas apenas uma cidade. Essa simpatia que a Pítia demonstra pelos lacedemônios pode ser analisada a partir do registrado por Plutarco na biografia de Licurgo. Segundo Plutarco, Licurgo decidiu implementar leis que mudassem o sistema político espartano por completo, visto que estava certo de que leis parciais não conteriam a insolência reinante entre os espartanos (*Vida de Licurgo*, V, 1-2). Então, o legislador espartano parte para Delfos, onde realiza sacrifícios a Apolo e consulta seu oráculo, inquirindo-o sobre quais leis deveria instituir em Esparta, quando a Pítia lhe responde que θεοφιλῆ μὲν αὐτὸν (*theophilê mèn autòn*), isto é, "ele era amigo dos deuses" e considerado θεὸν μᾶλλον ἢ ἄνθρωπον (*theòn mâllon ḕ ánthrōpon*), que significa "mais deus que homem". Por esse motivo, a Pítia assegura-lhe que o deus lhe prometia uma εὐνομία (*eunomía*), ou seja, uma "boa legislação", e que essa ἣ πολὺ κρατίστη τῶν ἄλλων ἔσται πολιτειῶν (*hḕ polỳ kratistē tôn állōn éstai politeiôn*), que traduzimos como "seria muito mais poderosa que as demais constituições" (V, 3). Assim, Licurgo, ao instituir leis que lhes foram ditadas por Apolo, revela que tem a proteção do deus e que, por conseguinte, ela estende-se ao seu povo.

208. A maneira pela qual se delimitavam as terras destinadas às atividades agrícolas.

209. Interessante perceber que a confiança dos lacedemônios na Pítia advém do fato de serem governados por leis ditadas pelo Oráculo de Delfos, como vimos na interpretação de Plutarco na nota anterior. No entanto, Heródoto nos traz um desfecho semelhante ao de Creso, que, confiante em um oráculo ambíguo, empreendeu uma expedição militar contra Ciro. Assim como Creso, os lacedemônios, que se consideravam superiores, experimentaram o mesmo revés militar, por conta de sua soberba. Para mais detalhes sobre a punição divina para esse tipo de sentimento de superioridade, consultar a nota do Capítulo 34.

tegeatas, trabalharam nela. E esses mesmos grilhões, nos quais eles foram presos, ainda, até o meu tempo, estão preservados em Tégea, pendurados no templo de

67. Atena Álea[210]. Então, durante a primeira guerra, eles combatiam sempre mal contra os tegeatas, mas durante a época de Creso e dos reinados de Anaxândrides[211] e de Aríston na Lacedemônia, os cidadãos espartanos foram superiores na guerra, e isso aconteceu do seguinte modo: uma vez que eles sempre eram derrotados pelos tegeatas, enviaram mensageiros para consultar o Oráculo de Delfos e perguntar o que poderiam fazer para que os deuses lhes fossem propícios para serem superiores na guerra. E a Pítia proferiu-lhes um oráculo para que trouxessem de volta os ossos de Orestes[212], filho de Agamêmnon[213]. Como eles não descobriram onde estava o túmulo de Orestes, enviaram novamente os mensageiros ao deus, a fim de que lhe perguntassem sobre o território no qual jazia Orestes. E a Pítia, respondendo às perguntas postas por esses mensageiros, proferiu as seguintes palavras:

> Há uma certa Tégea em uma região plana da Arcádia,
> onde dois ventos sopram, por força da necessidade,
> e há golpe e contragolpe, e mal sobre mal se coloca.

---

210. Epíteto dado em virtude de o templo estar situado na cidade arcádia de Álea, considerado o mais importante da Arcádia.

211. Descendente da Casa dos Ágidas, reinou em Esparta entre os anos de 560 e 520 a.C., conhecido não somente por ter vencido a guerra contra os tegeatas, mas também por ter sido o único rei bígamo de Esparta, sob o argumento de que a sua primeira esposa era estéril, mas curiosamente sua primeira mulher teve três filhos depois de seu segundo casamento: Dorieu, Leônidas e Cleômbroto, estes últimos gêmeos; enquanto a segunda esposa deu-lhe apenas um filho: Cleômenes. Não há registro sobre os nomes de suas esposas.

212. Filho de Agamêmnon e de Clitemnestra. Orestes era cultuado em Esparta por ter sido o responsável pela união de Épiro e Esparta, quando se casou com Hermíone, filha de Menelau e Helena. Outro mito relata que Orestes vingou, por orientação de Apolo, o assassinato de seu pai, matando Clitemnestra e seu amante Egisto, os responsáveis pelo assassínio de Agamêmnon, o rei de Micenas ou Argos.

213. Rei de Micenas ou Argos, chefe de todos os homens, liderou os helenos na Guerra de Troia.

Lá, a terra fecunda envolve o filho de Agamêmnon;
tu, quando o trouxeres, serás o senhor da Tégea.

Assim que os lacedemônios ouviram essas palavras, mantiveram sua busca com intensidade, procurando em todos os lugares, até onde Lico[214], um dos cidadãos espartanos chamados Benfeitores, encontrou-o. Os Benfeitores estão dentre os citadinos, são sempre os mais velhos que saem do grupo dos Cavaleiros[215], são cinco a cada ano; eles devem, durante esse ano que saem do grupo dos Cavaleiros,

68. ser enviados, com o consentimento de todos, pelos cidadãos espartanos uns para um mesmo lugar e outros para lugares diferentes, para que não permaneçam inativos. Porque estava dentre esses homens, Lico encontrou-o em Tégea, por ter utilizado sua sabedoria e por um acaso feliz. Porque havia um intercâmbio comercial naquela época com os tegeatas, ele foi para a oficina de um ferreiro e observou-o forjar o ferro; em sua observação, olhava como ele estava trabalhando. Quando o ferreiro percebeu que ele estava admirado com isso, parou o trabalho e disse: "Estrangeiro lacônio, suponho que se tivesses visto o que eu vi, ficarias absolutamente admirado, já que agora estás tão admirado com o trabalho que faço com o ferro. Pois eu, neste lugar, por querer fazer um poço no pátio de casa, enquanto cavava, encontrei por acaso uma urna sepulcral de sete côvados; pela incredulidade de que não haveria jamais homens maiores que os de agora, abri a urna e vi um cadáver com um comprimento que era igual ao dela. Depois de medi-la, cobri-a de terra novamente". Então, enquanto ele lhe contava o que havia visto, ia compreendendo que as coisas ditas convergiam para as informações que tinha de Orestes, conforme o oráculo; e que era ele, quando comparou as seguintes informações: vendo as duas forjas, imaginou-as

---

214. Episódio narrado somente por Heródoto, daí essa personagem ser conhecida apenas nesse relato.

215. Os *Hippeús* (ἱππεύς), isto é, Cavaleiros era composta por cidadãos que mantinham um cavalo, atividade destinada aos mais ricos, pois a criação de cavalos era uma atividade que demandava grandes gastos. Esses soldados-cavaleiros ocupavam o segundo posto na hierarquia social, atrás somente dos oligarcas ou aristocratas. Heródoto nos informa que os Cavaleiros formavam um corpo de trezentos espartanos de elite; consultar: Livro VIII, 124.

como os ventos que sopravam, e o martelo e a bigorna como o golpe e o contragolpe, e o ferro forjado como o mal colocado sobre o mal, e, de acordo com isso, pareceu-lhe que o ferro foi descoberto à custa do mal do homem. Depois de ter interpretado isso, partiu para Esparta e relatou aos lacedemônios o ocorrido. E eles processaram-no sob a acusação de relato forjado e condenaram-no ao exílio. Então, ele partiu para Tégea e relatou o seu infortúnio ao ferreiro; também tentou alugar o pátio da casa, o que ele não lhe concedeu. Com o tempo, porque ele o persuadiu, estabeleceu-se no lugar e cavou o túmulo, e reuniu os ossos, depois partiu, levando-os para Esparta. E, desde essa época, eles colocaram à prova uns aos outros, e os lacedemônios em muito foram superiores a eles na guerra; e aqueles já tinham a maior parte do Peloponeso que estava subjugada.

69. Então, depois de ter sido informado sobre todos esses acontecimentos, Creso enviou mensageiros com presentes a Esparta, para que fizessem uma aliança militar, ordenando-lhes o que era preciso ser dito. Eles, quando chegaram, disseram: "Creso, o rei dos lídios e dos outros povos, enviou-nos para dizer o seguinte: 'Lacedemônios, porque o deus proferiu um oráculo para que estabelecesse amizade com um povo heleno, e porque eu me informei que vós estais na liderança da Hélade, conforme esse oráculo, eu vos convido, querendo ser vosso amigo e aliado, sem embuste nem engano'". Então, Creso, por meio de seus mensageiros, fez essas propostas, e os lacedemônios, depois de ouvi-las, porque eles mesmos haviam se informado sobre o oráculo que Creso tinha, com a chegada dos lídios, fizeram juramentos de hospitalidade e de aliança militar. Eles tinham alguns benefícios anteriores de Creso, que ainda existiam; os lacedemônios enviaram alguns homens a Sárdis para comprar ouro, porque queriam utilizá-lo na estátua de Apolo; essa que agora está colocada em Tórnax[216], na Lacônia, e Creso deu-lhes de presente o ouro que estavam comprando[217].

216. Montanha situada em Esparta, conhecida por seu vale ser cortado pelo Rio Eurotas, o mais importante da Lacônia.

217. Há vários relatos de autores helenos sobre reis da Pérsia que compravam aliados helenos com o seu ouro. Os espartanos foram acusados de ser partidários dos persas em troca de ouro e de acordos territoriais; mas não somente os persas

70. Por causa disso, os lacedemônios aceitaram a aliança militar, porque ele escolheu-os como seus amigos preferidos dentre todos os helenos. De um lado, eles estavam prontos para quando ele os convocasse e, de outro, fizeram uma cratera de bronze que modelaram com pequenas figuras do lado de fora, em torno da sua borda, e com a magnitude suficiente para conter trezentas ânforas, e levaram-na, por quererem retribuir o presente a Creso. Essa cratera não chegou a Sárdis, por dois tipos de acusações que são contadas do seguinte modo: por um lado, os lacedemônios dizem que, depois de a cratera ter sido levada para Sárdis, e estava nas imediações da costa sâmia, os sâmios foram informados sobre isso, e eles os atacaram em naus longas e levaram-na embora; por outro lado, os sâmios contam que os lacedemônios que levavam a cratera chegaram atrasados e que, quando foram informados de que Sárdis e Creso haviam sido capturados, eles venderam a cratera em Samos, e que alguns particulares compraram-na para depositá-la no Heraion[218]; rapidamente, poderia se dizer que aqueles que a venderam, quando chegaram a Esparta, disseram que foram roubados pelos sâmios.

71. E assim foi o episódio a respeito da cratera. E Creso, porque estava enganado a respeito do oráculo, realizava uma campanha militar contra a Capadócia[219], esperando destruir Ciro e o poder dos persas. Depois de ter se preparado para fazer a campanha militar contra os persas, um lídio (o seu nome era Sândanis[220]), considerado antes por

---

contratavam os helenos como soldados-mercenários; por exemplo, Plutarco afirma, em sua biografia do Agesilau, rei de Esparta, que este nobre espartano lutou como mercenário na corte egípcia. Consultar: *Vida de Agesilau*, XXXVI, 1-3. Contudo, a narrativa mais incisiva é a de Xenofonte em sua obra *Anábase*, na qual relata a guerra travada entre Ciro e seu irmão Artaxerxes pelo reinado da Pérsia; em que o exército de Ciro formou-se depois da contratação de dez mil mercenários helenos que lutaram com ele na guerra para destituir seu irmão Artaxerxes do trono persa, conflito datado de 401 a 399 a.C., quando Ciro é morto na batalha travada na Babilônia.

218. Nome dado ao templo da deusa Hera.

219. Situada na região da Anatólia, entre o Rio Eufrates e o Mar Negro.

220. Sândanis aparece como um indivíduo que enfatiza a cegueira do rei diante de sua vontade de conquista, que ignora uma opinião sensata em nome da realização

ser um sábio, a partir da seguinte opinião também obteve muito renome entre os lídios, aconselhou Creso deste modo: "Ó rei, preparaste uma expedição militar contra tais homens, que têm calças compridas largas de couro e usam o restante de sua vestimenta também de couro, e que se alimentam daquilo que não desejam, mas do que têm, por habitarem um território pedregoso. Além disso, não estão acostumados com o vinho, mas bebem água, não têm figos para comer e não tem nenhuma outra coisa boa. Por um lado, então, se vencê-los, o que retirarás deles, se eles não têm nada? Por outro lado, se fores vencido, percebes quantas coisas boas perderás? Pois quando provarem dos nossos bens, eles vão abraçá-los e deles não vão se afastar. E eu dou graças aos deuses que não colocam na mente dos persas fazer uma expedição militar contra os lídios". Mesmo depois de dizer essas coisas, ele não persuadiu Creso. Pois os persas, antes de subjugar os lídios, não tinham requinte nem bens valiosos.

72. E os capadócios são chamados sírios pelos helenos; e esses sírios eram, antes do governo dos persas, súditos dos medos, e então o eram de Ciro. E a fronteira do reino medo e do lídio era o Rio Hális, que corre pela montanha da Armênia[221], pela Cilícia[222], correndo, depois, na direção dos matienos, tomando sua margem direita; os frígios ficam do outro lado; atravessa essas regiões e corre para o vento norte, também divide à sua direita os sírios capadócios da Paflagônia à sua esquerda. Assim, o Rio Hális corta quase toda a Ásia, as regiões de baixo, do mar em frente à ilha de Cipro[223] até o

---

de um desejo pessoal de expansão de seu poderio. Entrevemos um expediente trágico nesse relato de Heródoto, que é a figura de uma personagem que vê o seu conselho desdenhado pelos poderosos pouco antes de conhecerem a sua ruína; um exemplo clássico disso é Cassandra, que adverte seu pai, Príamo, rei de Troia, aconselhando-o a impedir que o cavalo recebido de presente dos helenos não entrasse na cidade, mas o rei, convicto da sua vitória, de sua superioridade sobre os helenos, ignora as palavras da filha e, mais tarde, vê sua cidade incendiada pelos helenos. Consultar: Virgílio, *Eneida*, II, 234 ss.

221. Região montanhosa localizada entre o Mar Negro e o Hicarniano, atual Mar Cáspio.

222. Região costeira localizada ao sul da Ásia Menor, próxima à ilha de Chipre.

223. O nome que os antigos helenos davam à ilha de Chipre.

Ponto Euxino; e essa é uma passagem estreita para todo esse território; o tempo de travessia desse caminho, para um homem bem exercitado, tem a duração de cinco dias.

73. E Creso empreendeu uma expedição militar contra a Capadócia pelos motivos que se seguem, pelo desejo de querer acrescentar essa terra à parte dele e, principalmente, por estar confiante nas palavras oraculares e também por querer vingar-se de Ciro em nome de Astíages. Pois este, filho de Ciaxares, era parente de Ciro, rei dos medos, e Ciro, filho de Cambises, o tinha subjugado, o qual se tornou cunhado de Creso do seguinte modo: uma tropa de homens nômades, cítios que se rebelaram e que se retiraram da terra dos medos; durante essa época, Ciaxares, filho de Fraortes[224], filho de Déjoces, exercia a tirania sobre os medos, e que primeiro ele tratava bem esses citas, quando eram seus suplicantes; e, como lhes dava muita importância, confiou-lhes uns meninos para aprender sua língua e a arte do arco e flecha. Passado algum tempo, porque os citas sempre saíam para caçar e sempre lhe traziam algo, certa vez aconteceu de eles não lhe trazerem nada; e quando eles retornaram com as mãos vazias, Ciaxares (como havia demonstrado que não era colérico ao extremo) tratou-os muito duramente, com ultraje. E eles sofreram pelo que Ciaxares fez, porque eles próprios sentiram que não mereciam e deliberaram que despedaçariam um dos meninos que estava aprendendo com eles, e prepararam-no, como estavam habituados a preparar os seus animais, e levaram-no para dar a Ciaxares, o qual eles lhe entregaram como se fosse uma caça, e, após terem feito a entrega, foram o mais rápido possível para junto de Aliates, filho de Sadiates, em Sárdis. E aconteceu isso; pois também Ciaxares e os que estavam presentes como convidados para o jantar comeram essas carnes, e os citas, após fazerem isso,

74. tornaram-se suplicantes de Aliates. Depois disso, Aliates, então, não entregou os citas a Ciaxares no momento em que ele os solicitou, e a guerra entre os lídios e os medos ocorreu durante cinco anos; e nesses anos os medos, muitas vezes, venceram os lídios, e, muitas vezes, os lídios venceram os medos; e, em uma batalha

224. Rei medo, de 657 a 635 a.C.

noturna, realizaram alguns feitos; e eles distinguiram-se por igual durante a guerra no sexto ano do conflito, enquanto acontecia o combate; com a batalha já estabelecida, rapidamente, o dia tornou-se noite. E Tales[225] de Mileto havia prevenido os iônios de que haveria essa mudança do dia, estabelecendo nesse dia o limite de um ano para que essa mudança ocorresse. E os lídios e os medos, em seguida, viram acontecer a noite em vez do dia; e interromperam a batalha, e ambos se apressaram um tanto mais para firmar a paz entre eles. E os que realizaram a reconciliação foram os seguintes: o cilício Siênesis[226] e o babilônio Labineto[227]. Eles se apressaram para que fizessem um juramento e um compromisso recíproco de casamentos; pois entendiam que Aliates deveria dar sua filha Arienis[228] a Astíages, filho de Ciaxares; pois, sem uma forte obrigação, eles não quereriam manter os tratados vigorosos. E esses povos fizeram os juramentos, os quais são feitos do mesmo modo que os helenos os fazem; além disso, sempre cortam levemente a superfície de seus braços e lambem o sangue uns dos outros.

75. Astíages era avô paterno de Ciro, que o havia subjugado pelo motivo que eu mostrarei nos relatos seguintes. Porque Creso acusava Ciro dessas coisas, enviou sacrifícios para consultar o oráculo, se deveria empreender uma expedição militar contra os persas; além disso, quando chegou para ele um oráculo ambíguo, esperando que esse oráculo lhe fosse favorável, realizou uma expedição militar contra a parte do território que era dos persas. Quando Creso chegou às margens do Rio Hális, a partir desse ponto, segundo a minha opinião, ele atravessou com seu exército as pontes que já existiam,

---

225. Tales de Mileto, século VI a.C., considerado o primeiro filósofo naturalista, afirmava que todas as coisas derivavam da água. Político hábil e de grande conhecimento prático, foi nomeado sábio e figurava entre os Sete Sábios do mundo antigo. Diógenes Laércio redigiu uma breve biografia de Tales de Mileto. Consultar: *Vidas e doutrinas dos filósofos ilustres*, I, 1.

226. Há vários reis da Cilícia com esse nome.

227. Nome frequente aos reis da Babilônia. Alguns estudiosos entendem que se trata do rei Nabucodonosor, o mesmo citado na Bíblia.

228. Episódio narrado somente por Heródoto, daí o historiador ser a única fonte de que dispomos para essa personagem.

mas, conforme a opinião da maioria dos helenos, ele as atravessou por causa de Tales de Mileto. Pois Creso não sabia como o seu exército iria atravessar o rio (pois não havia essas pontes naquela época), diz-se que Tales estava presente no acampamento militar, que ele fez o rio que corria para o lado esquerdo do exército também correr pelo seu lado direito, e que fez isso do seguinte modo: a começar do alto do acampamento militar, mandou cavar um fosso profundo, com a forma de um semicírculo, para que corresse por trás do exército acampado e, por esse mesmo lugar, desviasse as correntes vindas de sua foz para o fosso e novamente as fizessem passar pelo acampamento militar, e que escoassem em suas águas primeiras, de modo que, depois de o rio rapidamente ter sido dividido, haveria uma passagem em ambos os lados. Eles dizem que a antiga corrente secou completamente; mas não concordo com isso; pois como o atravessariam novamente passando por ele?

76. E Creso, depois de tê-lo atravessado com o seu exército, chegou à chamada Ptéria[229], na Capadócia (a cidade de Ptéria é a mais forte da região, na vizinhança da cidade de Sinope[230], que estava mais situada no Ponto Euxino), onde montou seu acampamento militar e destruiu os lotes de terra dos colonos dos sírios. Também capturou e reduziu à escravidão a cidade de Ptéria, capturou as cidades vizinhas de todo o seu entorno, e deixou os sírios sem suas casas, ainda que não fossem culpados de nada. E Ciro, depois de ter reunido seu exército e acolhido todos os colonos das regiões intermediárias, resistiu a Creso. E antes de partir para a expedição, de sair com seu exército, enviou seus arautos aos iônios, para que tentassem rebelá-los contra Creso. E os iônios, então, não se convenceram disso. E Ciro, quando chegou, montou seu acampamento militar em frente ao de Creso, lá na região de Ptéria, e colocaram a força uns dos outros à prova. E a batalha foi terrível, muitos tombaram de ambos os lados; por fim, nenhum deles havia vencido, e eles se separam quando a noite

---

229. Cidade da Capadócia, famosa pela chamada Batalha de Ptéria, onde houve o enfrentamento do exército do Império Aquemênida com o Império Lídio, em 547 ou 546 a.C.

230. Cidade litorânea da Ásia Menor, situada no Mar Negro.

77. chegou. E assim ambos os acampamentos militares lutaram. E Creso estava insatisfeito com o número de homens do seu exército (pois o contingente que ele tinha era muito menor do que o de Ciro), e estava descontente com isso; porque, no dia seguinte, Ciro não tentou atacar, ele reconduziu seu exército para Sárdis, tendo em mente convocar os egípcios pelo juramento que fizeram (pois eles também fizeram uma aliança militar com Amásis, quando ele reinava sobre o Egito, antes de fazê-la com os lacedemônios) e convocar os babilônios (pois também ele fizera uma aliança militar com eles, à época em que Labineto reinava sobre os babilônios), e ainda chamou os lacedemônios para se apresentarem na data combinada; então, após tê-los reunido e agrupado ao seu exército, considerou fazer sua expedição militar contra os persas na primavera, depois de passado o inverno. E ele, tendo isso em mente, quando retornou para Sárdis, enviou seus arautos, conforme as alianças militares, para anunciar que se reunissem em Sárdis em cinco meses; e o exército que estava ao seu lado e que havia combatido contra os persas, que eram de território estrangeiro, todo esse contingente, depois de ter sido dispensado, dispersou-se; porque jamais imaginara que, então, Ciro avançaria contra Sárdis, visto que tinha ocorrido uma luta muito equilibrada.

78. Enquanto Creso refletia sobre esses assuntos, todo o entorno da cidade havia sido tomado por serpentes. Quando elas apareciam, os cavalos abandonavam os pastos onde se distribuíam e iam devorá-las. E, no momento em que Creso viu isso, pensou que fosse um prodígio, como de fato o era. E, imediatamente, enviou seus mensageiros para consultar o oráculo dos intérpretes telmesses[231]. Quando os mensageiros enviados para consultar o oráculo chegaram e souberam dos telmesses o que o prodígio queria mostrar, não partiram para anunciá-lo a Creso, pois, antes que eles zarpassem de volta para Sárdis, Creso foi capturado. Todavia, os telmesses compreenderam o seguinte: Creso tinha de esperar que o exército estrangeiro atacasse

231. Telmesso era uma cidade da Lícia que fazia fronteira com a Cária, de dominação persa no século VI a.C. Também era famosa por seus inúmeros adivinhos, que formavam uma congregação de sacerdotes de Apolo, e que se declaravam intérpretes do deus.

o seu território, quando esse chegasse, também que subjugasse os autóctones; e eles disseram que a serpente era uma filha da terra, mas que o cavalo era um inimigo e um estrangeiro. Os telmesses responderam isso para Creso, que já havia sido capturado, porque não sabiam dos acontecimentos ocorridos em Sárdis e com o próprio Creso.

79. E, quando Creso estava partindo, depois da batalha ocorrida em Ptéria, Ciro imediatamente percebeu que Creso tinha a intenção de dispersar o seu exército e de partir; após conjecturar, descobriu que a questão era ele avançar o mais rápido que pudesse contra Sárdis, a fim de que ele os surpreendesse antes que a força militar dos lídios se reunisse pela segunda vez. Quando ele supôs isso, executou seu plano o mais rápido possível e avançou com seu exército para a Lídia, ele mesmo sendo um mensageiro para Creso de que havia chegado. Naquele momento, Creso foi levado para uma grande dificuldade, porque os acontecimentos foram contra a expectativa do que ele mesmo havia suposto; mesmo assim, conduziu os lídios para a batalha. Nessa época, não havia na Ásia um povo mais corajoso nem mais forte que o lídio. E a batalha deles costumava ser sobre cavalos, com longas lanças, e eles mesmos

80. eram bons cavaleiros. Eles convergiram para essa planície ampla e sem árvores, que ficava em frente à cidade de Sárdis (outros rios correm por ela, além do Hilo[232], os quais desembocam em um maior, chamado Hermo[233], que corre da montanha dedicada à mãe Dindimene[234] para o mar, nas imediações da cidade da Foceia[235]),

---

232. Rio situado na região da Iônia, que, em seu vale, abrigava a cidade de Sárdis.

233. Localizado em uma região pantanosa da Lídia, próxima da Frígia, cuja planície era famosa por sua extração aurífera.

234. Deusa originária da Frígia, considerada a Deusa Mãe, a mãe de todos os deuses, a qual os frígios e também os lídios chamavam Cíbele, estava relacionada ao culto da fertilidade.

235. Cidade localizada na Ásia Menor, cujo nome *Phṓkaia* (Φώκαια) deriva da palavra "foca", o símbolo da cidade. Os foceus eram conhecidos por serem grandes marinheiros. Por esse motivo, o nome de sua cidade era também uma homenagem ao deus do mar Posídon, uma vez que o deus tinha um bando de focas, cuja guarda

onde Ciro, quando viu que os lídios estavam se posicionando para a batalha, tremeu diante da cavalaria e, aconselhado por Hárpago[236], um cidadão medo, agiu do seguinte modo: os carregadores de víveres e de equipamentos com camelos que acompanhavam seu exército, todos esses foram reunidos, e as cargas foram retiradas das costas desses homens, então os fez montar vestidos com um traje de cavaleiro e ainda foram equipados, posicionados com o restante do exército e colocados à frente da cavalaria de Creso; também ordenou que a infantaria acompanhasse os camelos e posicionou toda a cavalaria atrás da infantaria. Quando todos estavam alinhados, mandou que eles não poupassem o restante dos lídios, que matassem qualquer um que aparecesse no caminho, mas que não matassem o próprio Creso, ainda que ele se defendesse para não ser capturado. E ele ordenou isso. E posicionou os camelos em frente à cavalaria pelos seguintes motivos: porque um cavalo teme um camelo, não suporta nem sua imagem, quando o vê, nem seu odor, quando sente o cheiro. Então, ele foi astucioso por causa disso mesmo, a fim de que a cavalaria fosse inútil para Creso, e o lídio apegava-se à sua para destacar-se no combate. Mas, quando se encontraram na batalha, lá, quando rapidamente os cavalos sentiram o cheiro dos camelos e os viram, eles recuaram, mas Creso teve sua esperança arruinada. Entretanto, os lídios certamente não foram covardes naquele momento, mas, quando perceberam o que estava acontecendo, saltaram dos cavalos e atacaram os persas a pé. Com o tempo, após muitos terem tombado de ambos os lados, os lídios recuaram e foram encurralados para a muralha, e cercados pelos persas.

81. Então, o cerco foi estabelecido para eles, e Creso, julgando que o cerco seria por um longo tempo, enviou outros mensageiros daquela muralha para os seus aliados militares. Pois os que tinham sido enviados antes foram para anunciar o envio dos aliados no prazo de cinco

---

ele havia confiado a Proteu. No capítulo 163 deste livro, Heródoto afirma que os foceus foram os primeiros helenos a realizar longas viagens marítimas, descobrindo diversos mares, entre eles, o Mar Adriático.

236. Um general do exército medo que auxiliou Ciro na tomada da Lídia. Depois da vitória de Ciro, Hárpago tornou-se um dos seus sátrapas.

meses e para que se reunissem em Sárdis, enquanto ele enviou esses para que anunciassem que necessitava o mais rápido possível

82. de socorro, porque Creso tinha sido sitiado. Então, ele enviou outros mensageiros para seus aliados militares também na Lacedemônia. E também sobreveio uma luta a esses cidadãos espartanos, nessa mesma época, que eram contra os argivos, por causa de um território chamado Tírea[237]. Essas terras tíreas ficavam em uma parte da Argólida que os lacedemônios tinham desanexado. Além dela, tomaram até Málea[238], que ficava a oeste do território dos argivos, que era um território que ficava na planície, e ainda a ilha de Citera[239] e o restante das ilhas. Quando os argivos foram socorrer o seu território desanexado, lá se encontraram e chegaram a um acordo nas discussões sob a condição de que trezentos soldados de cada uma das partes combatessem, e qualquer um dos dois que vencesse seria o detentor do território; e o contingente do exército que restasse de cada um deveria ir para sua terra, sem permanecer com os que estavam lutando, por causa do seguinte argumento: a fim de que, se estivessem presentes em seus acampamentos militares, ambos não os defendessem quando os vissem sendo vencidos. Depois de concordarem com os termos do acordo, eles se afastaram, e os homens selecionados de cada um dos lados foram deixados para trás e travaram o combate. Depois de terem combatido, porque foram equivalentes em força, restaram três homens daqueles seiscentos; do lado dos argivos, estavam Alcenor e Crômio, e, do lado dos lacedemônios, Otríades; e foram esses que restaram quando a noite veio. Então, os dois argivos, porque eram os vencedores, correram para Argos, enquanto o lacedemônio Otríades despojou os cadáveres, carregou suas armas para o seu acampamento militar e lá se manteve no seu posto. No dia seguinte, ambos os lados se apresentaram para se informar sobre os fatos. Então, durante todo o tempo, ambos diziam que eles haviam vencido, uns diziam que

---

237. Território localizado na Argólida, na pensínsula do Peloponeso.

238. Cabo do Peloponeso.

239. Integrava o complexo conhecido por Ilhas Iônias, localizado ao sul do Cabo Málea, nos confins da península do Peloponeso.

tinham o maior número de sobreviventes, os outros mostravam que eles haviam fugido, enquanto os seus haviam permanecido no lugar e despojado os cadáveres daqueles. No fim, partiram para a luta e combateram; e, após muitos de ambos os lados terem tombado, os lacedemônios foram os vencedores. Os argivos, desde essa época, começaram a cortar seus cabelos, porque antes eram obrigados a deixar seus cabelos compridos; então, fizeram uma lei, por meio de uma imprecação; em primeiro lugar, que nenhum argivo deixaria seu cabelo crescer e nenhuma de suas mulheres usaria adornos de ouro antes que eles recuperassem Tírea. E os lacedemônios estabeleceram uma lei com preceitos contrários a esses; pois não deixavam seus cabelos crescerem antes desse evento e, depois disso, eles os deixaram crescer[240]. Eles dizem que o único restante dos trezentos, Otríades, ficou envergonhado por retornar a Esparta após os soldados de sua mesma tropa terem perecido, e lá mesmo, nesse território da

83. Tírea, matou-se. E esses acontecimentos sucediam-se entre os cidadãos espartanos, quando o arauto de Sárdis veio pedindo que eles socorressem Creso, porque ele estava sitiado. E eles, apesar de tudo, depois de terem sido informados do ocorrido pelo arauto, empreenderam a socorrê-lo. Mas, quando eles já estavam preparados e suas naus já estavam prontas para partir, outra mensagem dizia que a muralha dos lídios tinha sido tomada e que Creso tinha sido apreendido como cativo. Assim, esses então consideraram isso um infortúnio e interromperam sua ação.

84. E Sárdis foi capturada da seguinte maneira: depois do décimo quarto dia que Creso havia sido sitiado, Ciro anunciou aos

240. Como pode ser visto em seu tratado *Da malícia de Heródoto*, 854E ss, Plutarco desqualifica os relatos de Heródoto; mais uma evidência de seu descaso para com a narrativa herodotiana pode ser vista no primeiro capítulo da biografia que compôs sobre o general espartano Lisandro. Nela, Plutarco afirma que a estátua de Lisandro, que foi depositada no tesouro dos acantianos, em Delfos, representa-o com os cabelos compridos e uma barba cerrada, dizendo que se trata de um costume antigo dos espartanos, já instituído à época do legislador Licurgo. E nosso autor acrescenta, sem citar o nome de Heródoto, que não entende o porquê de alguns autores relatarem que os lacedemônios deixaram crescer seus cabelos somente após os argivos terem raspado a cabeça, para ficarem diferentes de seus inimigos. Consultar: *Vida de Lisandro*, I, 1-5.

cavaleiros enviados ao seu exército que concederia presentes ao primeiro que subisse a muralha. Depois disso, seu exército fez uma tentativa, que não prosperou; nesse momento, quando os demais pararam de tentar, um homem mardo[241], cujo nome era Hireades, tentou escalar por um lugar da acrópole no qual nenhum guardião estava posicionado; pois não inspirava temor que por esse lugar seria de algum modo capturado; pois era um precipício e por esse lugar a acrópole era intransponível. Não houve um único lugar por onde Meles[242], o antigo rei de Sárdis, não tivesse feito passar o seu leão, o que a sua concubina deu à luz, os telmesses predisseram que, se o leão percorresse a muralha, Sárdis seria inexpugnável; e Meles percorreu o restante da muralha, por onde o território da acrópole poderia ser facilmente atacado, mas negligenciou esse lugar, porque era intransponível e também um precipício. E esse lugar está próximo do Monte Tmolo[243], que está voltado para a cidade. Então, o mardo Hireades, depois de ter visto um lídio descendo por esse lugar da acrópole no dia anterior, porque ele deixou o seu elmo rolar lá do alto e depois o pegou, meditou sobre isso e tomou uma decisão. Então, nesse momento, ele subiu por aquele lugar, e outros persas também subiram e, ininterruptamente, escalaram o lugar, e assim capturaram Sárdis e toda a cidade foi saqueada.

85. Ao próprio Creso aconteceram os seguintes fatos: ele tinha um filho, que já havia mencionado antes, capaz quanto às outras coisas, mas mudo. No momento em que se lhe apresentava a prosperidade, Creso tudo fez para ele e concebeu-lhe outras coisas; além disso, enviou seus mensageiros a Delfos para consultar seu oráculo; e a Pítia proferiu-lhe as seguintes palavras:

> Lídio, rei de muitos povos, grande néscio Creso,
> não queiras muito desejoso ouvir no palácio a voz

---

241. Os mardos eram um dos povos nômades que compunham o povo persa.

242. Também conhecido como Mirso, século VIII a.C., foi o penúltimo rei de Sárdis da descendência dos Heraclidas.

243. Nome dado em homenagem ao deus das montanhas Tmolo, rei mítico da Lídia.

> do teu filho falando. Isso será muito mais agradável
> para ti; pois ele falará primeiro em um dia funesto.

Então, quando a muralha foi ocupada, pois um dos persas foi, tomando Creso por outro, para matá-lo, e Creso, vendo-o avançar, foi indiferente sob o presente infortúnio, visto que em nada lhe seria diferente se morresse sendo golpeado; e esse seu filho, o mudo, quando viu o persa avançando, sob o efeito do medo e do terror, soltou a voz e disse: "Homem, não mates Creso". Então, essa foi a primeira vez que ele emitiu um som e, depois disso, já começou a falar durante todo o tempo de sua vida.

86. Então, os persas tomaram Sárdis e capturaram o próprio Creso, que governara durante catorze anos e havia sido sitiado por catorze dias e que, conforme o oráculo, ele pôs fim ao seu grande império. Depois de agarrá-lo, os persas levaram-no para Ciro. E ele ordenou que fosse erguida uma grande pira e que Creso fosse colocado em cima dela, preso com grilhões, e duas vezes sete meninos lídios ao lado dele, tendo em mente então, quer dedicá-los como primícias a um deus qualquer, quer querendo cumprir também um voto, quer ainda saber se Creso era temente aos deuses; por causa disso, ordenou que ele fosse colocado sobre a pira, querendo saber se alguma divindade iria protegê-lo para que não fosse queimado vivo. Então, ele fez isso. E quando Creso estava colocado em cima da pira, veio à sua mente, embora nesse tamanho mal presente, o que ouviu de Sólon, que tivera o auxílio dos deuses quando ele havia lhe dito que "nada que é dos seres vivos é feliz". Ora, quando lhe ocorreu isso, suspirou e lamentou, depois de uma longa calmaria, e disse três vezes o nome Sólon. E, após Ciro ter ouvido isso, ordenou que seus intérpretes perguntassem a Creso quem era esse que ele invocava, e eles se aproximaram dele para perguntar. Durante um longo tempo, Creso ficou em silêncio após ter sido interrogado; depois disso, porque foi obrigado, disse: "Aquele que eu desejaria a todos os tiranos, por grandes somas de dinheiro, que fossem as suas discussões". Como o que ele lhes disse era sem sentido, novamente perguntaram sobre o que ele havia dito. Porque eles persistiram e pela perturbação dos que estavam presentes, então ele disse que Sólon era ateniense e que tinha vindo ao seu reino, também que ele havia contemplado toda a sua opulência e que não tinha feito caso dela, e ainda o que ele lhe dissera naquele momento, e que tudo que lhe havia sucedido por aquilo que ele disse, porque falava senão mais que para ele mesmo que para qualquer outro ser humano e, sobretudo, aos que se consideravam felizes. Enquanto Creso relatava isso, as extremidades da pira acesa já estavam queimando. E quando Ciro ouviu dos intérpretes o que Creso disse, mudou de ideia e compreendeu que também ele mesmo era um homem e que outro homem em vida ele dava ao fogo, o qual ocorria de ter uma felicidade não menor que a dele próprio; além disso, por temer a retribuição divina, também lhe veio à mente que nada havia dentre os homens que fosse estável, então ordenou que apagassem o mais rápido possível o fogo que queimava e que descessem Creso e os que estavam na companhia dele. E os que tentaram

87. não foram capazes ainda de dominar o fogo. Naquele momento, como é contado pelos lídios, Creso percebeu a mudança de propósito de Ciro, porque viu todos os homens apagando o fogo, mas porque não eram mais capazes de detê-lo, ele invocou Apolo para socorrê-lo, gritando, se em algo ele o havia agradado com algum presente vindo dele, que aparecesse e o protegesse do presente mal. Após ele, chorando, ter invocado o deus, de um céu sereno e sem vento, aglomeraram-se, de repente, nuvens; irrompeu uma tempestade, choveu com uma água torrencial, e a pira foi apagada. Assim, Ciro compreendeu, então, que Creso era um homem bom e amado pelos deuses e, após ele descer da pira, perguntou-lhe o seguinte: "Creso, qual homem te induziu a realizar uma expedição militar contra a minha terra, para me colocar como um inimigo em vez de um amigo?". E ele respondeu: "Ó rei, eu fiz isso, para a tua felicidade e para a minha própria infelicidade; mas o responsável foi um deus dos helenos, que me incitou a realizar essa expedição militar. Pois ninguém é tão insensato que escolha a guerra em vez da paz; pois nessa os filhos enterram seus pais, enquanto naquela os pais enterram seus filhos. Mas isso assim aconteceu porque foi agradável às divindades".

88. E ele falava isso, enquanto Ciro ordenava que ele fosse libertado e que se sentasse perto dele, e seguramente teve para com ele muita consideração, ele mesmo muito maravilhado o olhava e também todos os que estavam em torno dele. E Creso mantinha-se em meditação e estava calmo. Depois disso, virou-se para ver os persas saqueando a cidade dos lídios e disse: "Ó rei, preciso te dizer o que me vem à mente, ou calar-me nas circunstâncias presentes?". E Ciro, encorajando-o, ordenou que ele falasse o que quisesse. E ele perguntou, dizendo: "O que é isso que essa numerosa multidão está fazendo com tanta pressa?". E ele lhe respondeu: "Está saqueando a tua cidade e levando as tuas riquezas". E Creso disse-lhe em resposta: "Não é a minha cidade nem as minhas riquezas que ela está saqueando; pois nada tenho ainda delas depois disso; mas essa carrega

89. e leva as tuas coisas". E Ciro prestou atenção no que Creso disse e, após ordenar que os outros se retirassem, perguntou a Creso o que ele observava nas coisas que estavam sendo feitas. E ele disse: "Depois de os deuses terem me concedido a ti como escravo, considero justo, se algo me vier a mais, indicar-te. Os persas, porque são insolentes por natureza, são pobres. Se tu olhares com indiferença para esses que estão saqueando e se apoderando dessas grandes riquezas, disto é provável que alguém dentre deles, aquele que se apoderar de mais riquezas que os outros, esse seja capaz de se insurgir contra ti. Agora faze o seguinte, se te parecer bom o que eu digo: coloca guardas dentre os teus guarda-costas em todas as tuas portas, dizendo-lhes que retirem as riquezas daqueles que as estão levando embora, destacando que é necessário que eles deem a décima parte a Zeus. E tu não trarás a ira deles, por lhes retirar suas riquezas à força, e eles compreenderão que tu ages com justiça e as entregarão para ti de bom grado".

90. Após ouvir isso, Ciro alegrou-se excessivamente, porque lhe pareceu que foi bem aconselhado; e agradeceu-o muito; depois, ordenou aos guarda-costas que cumprissem o que Creso havia aconselhado e disse a Creso as seguintes palavras: "Creso, porque estou preparado para fazer-te um homem régio, pelas tuas palavras e ações úteis, pede-me qualquer presente que queiras, que tu o terás imediatamente". E ele disse: "Ó soberano, serias-me mais agradável se me permitisses enviar esses grilhões ao deus dos helenos[244], ao que eu mais honrei dentre os deuses, e perguntar se ele tem como costume enganar os que lhe fazem bem". E Ciro perguntou por que ele estava se queixando e por que lhe pediu isso. E Creso relatou-lhe todo o seu plano, as respostas dos oráculos, principalmente suas oferendas, também que, porque foi induzido pela resposta oracular, realizou a sua expedição militar contra os persas. E, depois de dizer isso, pôs fim ao discurso e novamente pediu-lhe para que fosse censurar o deus por isso. E Ciro, sorrindo, disse: "Terás isso feito por mim, Creso, e qualquer outra coisa que a todo o momento me pedires". Quando Creso ouviu essas palavras, ordenou que alguns lídios fossem enviados para Delfos, para que depositassem os grilhões no umbral do templo e perguntassem ao deus se ele não estava envergonhado por suas respostas oraculares, por ter induzido Creso a realizar uma expedição militar contra os persas, porque interromperia o poder de Ciro; por causa disso, tais primícias havia para ele lhe mostrado os grilhões; além disso, perguntarem também se os deuses helenos tinham o costume de ser ingratos.

91. Quando os lídios chegaram e perguntaram as coisas que lhes foram ordenadas, conta-se que a Pítia disse o seguinte: "É impossível, mesmo para um deus, escapar do destino estabelecido. E Creso pagou pelos erros da sua quinta geração, que era a de lanceiro dos Heraclidas, porque consentiu com um ardil feminino, assassinou o seu senhor e tomou a honra daquele, que em nada lhe pertencia[245]. Visto que Lóxias[246] esforçou-se intensamente para que, sob o comando dos filhos de Creso, ocorresse o sofrimento de Sárdis, e não sob o governo de Creso, mas não foi capaz de persuadir as Moiras[247]. Quanto ao que elas lhe concederam, ele conseguiu algo

244. Trata-se de Apolo, o deus que proferia os oráculos em Delfos.

245. A Pítia refere-se ao episódio de Giges e Candaules, que foi narrado por Heródoto dos capítulos 8 a 12 deste Livro I.

246. Epíteto de Apolo, significa "Oblíquo", "Ambíguo", que explica a ambiguidade de seus oráculos e, ao mesmo tempo, a interpretação errada que Creso elaborou sobre as palavras oraculares proferidas pela Pítia.

247. As Moiras eram três irmãs que controlavam o destino de todos os seres humanos. São elas: Átropo, Cloto e Láquesis. Filhas de Zeus e Têmis, conhecidas

e interveio a seu favor; pois retardou por três anos a captura de Sárdis; e que Creso saiba disso, que ele foi capturado três anos mais tarde do que lhe havia sido estabelecido pelo destino. Em segundo lugar, o deus salvou-o quando Creso estava sendo queimado por eles. Conforme o oráculo proferido, Creso não o está censurando corretamente, pois Lóxias proferiu que, se Creso realizasse uma expedição militar contra os persas, ele destruiria um grande império. E, diante disso, se ele tivesse a intenção de deliberar bem, precisaria ter perguntado outra e outra vez, enviando alguém para que o deus lhe dissesse qual império seria destruído, se o seu ou o de Ciro. E ele não compreendeu o que lhe foi dito, nem inquiriu o deus novamente, e que ele declare a si mesmo culpado. Além disso, quando consultou o oráculo pela última vez, repetiu as mesmas palavras que Lóxias proferira sobre o mulo, mas nem isso compreendeu. De fato, Ciro era esse mulo; pois nasceu de duas pessoas que não pertenciam ao mesmo povo, de uma mãe de linhagem superior e de um pai de origem inferior. Pois sua mãe era uma meda, filha de Astíages, rei dos medos, enquanto seu pai era um persa, governado por aqueles; mesmo estando abaixo dela em todos os aspectos, casou-se com sua senhora. E a Pítia respondeu isso aos lídios, e levaram essa resposta para Sárdis e anunciaram-na para Creso. E, após ele ter ouvido isso, compreendeu que o erro havia sido dele mesmo, e não do deus.

92. Então, assim foi a primeira catástrofe do império de Creso e da Iônia. E Creso tinha muitas e diversas oferendas na Hélade, não somente as que já foram descritas; pois também há uma trípode de ouro em Tebas, na Beócia[248], a qual foi dedicada a Apolo Ismênio; em Éfeso[249], há vacas de ouro e a maioria das colunas; no templo

---

como fiandeiras, pois, com a ajuda de um fio, regulavam a duração da vida, desde o nascimento até a morte. Átropo fiava o fio, Cloto enrolava-o e Láquesis cortava-o, sinalizando que a vida chegara ao fim.

248. Situada entre e Eubeia e o Golfo de Corinto, localizada na região central da Hélade.

249. Cidade localizada na Ásia Menor, conhecida por seu templo dedicado a Ártemis, considerado uma das Sete Maravilhas do mundo antigo. Provavelmente, foi nesse lugar que Creso depositou as colunas e as vacas de ouro.

de Proneia[250] em Delfos, há um grande escudo de ouro. Também essas oferendas ainda sobrevivem na minha época, mas algumas delas já haviam sido destruídas[251]; as oferendas feitas por Creso aos Brânquidas de Mileto, como eu me informei, eram iguais em peso e semelhantes às de Delfos. E as que foram depositadas no templo de Delfos e no de Anfiarau eram privadas, eram primícias vindas das riquezas paternas, e outras oferendas vieram da riqueza de um homem que era seu inimigo, que era um rebelde antes de Creso tornar-se rei, era um auxiliar zeloso, que atuava para que Pantaleão herdasse o Império Lídio. Pantaleão era filho de Aliates, irmão de Creso, mas não era nascido da mesma mãe; pois Creso era filho de Aliates com uma mulher da Cária[252], enquanto Pantaleão era filho de uma flor da Iônia[253]. Depois de Creso ter se apoderado do reino deixado por seu pai, arrastou esse homem, que atuou na oposição, para um cardador e matou-o, e a sua riqueza ainda antes estabeleceu como sagrada; nesse momento, do modo como eu havia dito, dedicou-a nos templos que foram citados. E está dito o suficiente sobre suas oferendas.

93. Não há mais coisas maravilhosas na terra lídia, tal outra região, exceto a areia de ouro que desce do Rio Tmolo. A região apresenta um único grande monumento, gigantesco, isso sem considerar os

---

250. Trata-se do templo de Atena Proneia, epíteto que tem um duplo significado; o primeiro significa literalmente "diante do templo", pois estava localizado em frente ao templo de Apolo; mas o segundo significado do seu epíteto também está relacionado com "providência", que nos remete à "presciência", à "previsão de um oráculo".

251. Devido aos numerosos tesouros dedicados ao deus Apolo, o santuário de Delfos era alvo de constantes saques; por esse motivo, Heródoto registra que certas oferendas ainda existiam em seu tempo e outras não.

252. Região da Ásia Menor localizada a oeste da costa Iônia, na Anatólia.

253. Nesse contraste entre a mulher da Cária, uma referência simples, e uma mais poética para a mulher que nasceu na Iônia, tratando-a como "flor da iônia", *Iádos* (Ἰάδος), é interessante perceber que, apesar de Heródoto demonstrar alguma simpatia por povos que os helenos chamavam bárbaros, o nosso autor destina um tratamento especial para os helenos, principalmente os oriundos da Iônia, região da qual ele também era proveniente. Como vimos, embora ele tenha – ou não – grafado que é de Túrio, sabemos que ele nasceu em Halicarnasso, na Ásia Menor.

monumentos do Egito e da Babilônia[254]; que é o túmulo de Aliates, o pai de Creso, que havia lá, a sua base era feita de pedras gigantescas, e o restante do túmulo era um amontoado de terra. Homens que frequentavam o mercado e os artífices construíram-no, também as prostitutas ergueram-no. E havia ainda na minha época cinco pilares no alto do túmulo, e neles estavam gravadas inscrições com os trabalhos que cada um deles havia realizado na obra; e mostrava o que tinha sido medido do trabalho das prostitutas e que o trabalho delas tinha sido o maior. Pois, de fato, todas as filhas do demo prostituíam-se, porque acumulavam para si os dotes, para que, até quando elas fossem se casar com alguém, pudessem realizar isso, e elas mesmas se ofereciam em casamento. Então, o perímetro do túmulo era de seis estádios e dois pletros[255] e a sua extensão era de treze pletros; também havia um grande lago, que os lídios dizem que era inextinguível; e esse mesmo se chama Gigeia. Então, esse túmulo era dessa natureza.

94. E lídios e helenos têm costumes quase iguais, à parte que os lídios prostituem suas crianças do sexo feminino. E que eles foram os primeiros homens, dentre os que nós conhecemos, que cunharam e utilizaram moedas de ouro e de prata, e os primeiros também que se tornaram pequenos comerciantes. Os próprios lídios dizem que os jogos existentes para eles e os helenos foram invenções próprias. Eles dizem que essas foram inventadas por eles na mesma época em que eles fundaram suas colônias na Tirsênia[256]. A respeito disso, eles contam o que vem a seguir. No tempo em que Átis, filho de Manes, era rei, houve uma forte escassez de alimentos sobre toda a Lídia; e os lídios, durante todo o tempo, atravessaram isso suportando a situação. Depois disso, porque ela não cessava, procuraram remédios contra ela, e cada um deles imaginava uma coisa diferente. Então,

---

254. Cidade da antiga Mesopotâmia, célebre cidade do Império Acadiano.

255. Estima-se que cada pletro tenha, em média, a extensão de 870 metros quadrados.

256. Região da Península Itálica, cujos nomes encontramos grafados: Tirsênia, como neste texto, Tirrênia, Etrúria e Toscana.

inventaram, nesse momento, os jogos dos cubos, os dos astrálagos[257] e o de bola, e tiveram a ideia de todos os outros jogos, exceto o jogo de damas[258], pois os lídios não reclamam essa invenção para eles. E, porque os inventaram, agiram desse modo contra a fome: brincavam um dia inteiro a cada dois dias, a fim de que não procurassem por comida, e, no outro dia, interrompiam os jogos e alimentavam-se. Desse modo, atravessaram dezoito anos. Depois, porque o mal não se afastava, mas ainda mais os pressionava, assim o rei deles dividiu todos os lídios em duas partes, decidiu, por meio de um sorteio, qual permaneceria e qual sairia do território, também que o próprio rei comandaria a parte que fosse sorteada para permanecer, e a parte que fosse destinada a abandonar o território caberia ao seu próprio filho, cujo nome era Tirseno[259]. Dentre eles, os que foram sorteados para sair do território, descer para Esmirna e construir barcos mercantes, nos quais colocariam todas as coisas, quantos implementos fossem úteis para navegar pela sua sobrevivência e pela busca de terra; após passarem por muitos povos, até chegarem ao território dos ômbricos[260], onde eles fundaram uma cidade, na qual habitaram desde essa época. Em vez de lídios, os que estavam na companhia do filho do rei receberam um novo nome, de quem os conduzia; por isso, consideraram dar o nome epônimo de tirsênios. Então, os lídios foram escravizados pelos persas.

95. De fato, pede em acréscimo neste ponto da narrativa que o nosso discurso seja sobre Ciro, sobre quem é aquele que destruiu o império de Creso, e de que modo os lídios comandaram a Ásia. Como alguns persas contam por que eles não desejam exaltar os acontecimentos em torno de Ciro, mas contar a história verdadeira,

---

257. Espécie de jogo de dados que se jogava com quatro ossinhos nas mãos.

258. Os helenos atribuem a invenção do jogo de damas a Palamedes, filho de Náuplio, rei da Eubeia, e de Clímene, um herói da Guerra de Troia.

259. Note-se que esse episódio explica, na visão de Heródoto, a origem da região conhecida como Tirsênia, ou Tirrênia, ou Etrúria, ou Toscana.

260. Os ômbrios habitavam na região central da península Itálica, que, depois da dominação romana, passou a ser chamada de Úmbria, em vez de Ômbria, e os seus habitantes ficaram conhecidos como umbros.

conforme isso que eles contam, escreverei, mesmo sabendo que a respeito de Ciro há outras três versões contadas pelos meus caminhos. Quando os assírios governaram o lado de cima da Ásia, por quinhentos e vinte anos, os primeiros que começaram a se separar deles foram os medos; e como esses combateram pela sua liberdade contra os assírios, tornaram-se homens corajosos, afastaram deles a escravidão e tornaram-se livres. Depois deles, também o restante

96. dos povos fez o mesmo que os medos. Mas, quando todos estavam autônomos no continente, eles retornaram à tirania, que ocorreu novamente do seguinte modo: existia um homem sábio entre os medos, cujo nome era Déjoces, filho de Fraortes. Esse Déjoces desejava apaixonadamente ser um tirano e agiu da maneira que se segue. Porque os medos habitavam em povoados, e era no seu próprio povoado antes um notável, com o máximo empenho trabalhou para estabelecer a justiça, e isso, todavia, fez porque havia muita ilegalidade em toda a região médica, sabendo que, para a justiça, a injustiça é uma inimiga. E quando os medos do mesmo povoado viram os hábitos dele, escolheram-no como seu juiz; de fato, ele, como tinha em mente o poder, foi correto e justo. Por ter feito isso, não teve pouco louvor diante dos cidadãos, assim como os que habitavam no restante dos povoados foram informados de que Déjoces era o único homem que decidia o que era correto; porque antes lhes sobrevinham conclusões injustas; nesse momento, depois de terem ouvido isso, ficaram alegres e foram para junto de Déjoces, a fim de que fossem julgados por ele e, por fim,

97. não confiavam em nenhum outro. Havia sempre em maior número quem viesse até ele, porque foram informados sobre suas sentenças, que eram proferidas conforme a verdade, e Déjoces, quando compreendeu que tudo dependia dele, não quis mais sentar-se lá, onde antes ele se sentava diante do público, e disse ainda que não faria mais julgamentos; pois eles não lhe ofereciam vantagem alguma, porque estava sendo negligente com os seus assuntos para julgar o dia inteiro as causas da vizinhança. Quando o roubo e a ilegalidade tornaram-se ainda muito maior nos povoados do que eram antes, os medos reuniram-se em um mesmo lugar para que eles deliberassem sobre o assunto, discutindo sobre as circunstâncias estabelecidas (como eu penso, falaram principalmente os que eram amigos de Déjoces); disseram o seguinte: "De fato, não há uma maneira, nas circunstâncias presentes, de sermos capazes de viver neste território. Vamos! Devemos instituir um rei para nós mesmos; assim, o nosso território será bem legislado e nós nos dedicaremos aos nossos trabalhos, também não seremos expulsos do nosso país pela falta de lei".

98. Por essa razão, após terem dito essas palavras, eles foram persuadidos a ser governados por um rei. Imediatamente, propuseram quem eles colocariam como rei, e Déjoces foi muito proposto e elogiado por todos os homens, até que eles concordaram que ele seria o seu rei. E ele ordenou-lhes que construíssem um palácio para ele e que fosse digno de sua realeza, também que ele fosse fortalecido com guarda-costas. Então, os medos fizeram isso; construíram para ele um palácio grande e fortificado, no lugar do território que ele havia indicado, e se empenharam para escolher seus guarda-costas entre todos os medos. E ele, como já tinha o poder, obrigou os medos a formar uma única cidade, que se encarregassem dela e se preocupassem menos com as demais. Porque os medos haviam lhe obedecido ainda nisso, ele construiu grandes e fortificadas muralhas, cidade que hoje se chamam Ecbátanos[261], que foram dispostas em forma circular, com um círculo um dentro do outro. Assim, as muralhas foram planejadas de sorte que um círculo fosse mais alto do que outro, e somente os que estivessem entre as ameias. E ela foi construída em um lugar onde há uma colina circular, por essa razão era mais conveniente para que fosse construída assim. Havia sete círculos no total, então, o palácio real e os seus tesouros ficavam no último círculo. E essa muralha é maior que as outras, e é mais ou menos da mesma extensão que a muralha circular de Atenas. Então, as ameias da primeira muralha eram brancas, as da segunda eram negras, as do terceiro círculo eram púrpuras, as da quarta muralha eram azuis e as da quinta alaranjadas. E as ameias de cinco círculos eram adornadas com essas cores; e as duas últimas tinham suas ameias, uma prateada e a outra dourada.

99. Então, Déjoces construiu essas muralhas para si mesmo, em volta do seu próprio palácio, e ordenou que o restante do povo

261. Cidade que se tornou a cidade principal dos medos.

habitasse em torno da muralha. Quando todas as construções haviam sido edificadas, Déjoces foi o primeiro que estabeleceu esta convenção de que ninguém iria à presença do rei, mas que tudo era preciso ser anunciado por meio de um mensageiro, e que o rei não deveria ser visto por ninguém, além disso, ainda que para todos os que estivessem diante dele seria vergonhoso tanto rir como cuspir. Todas essas ações em torno dele eram para protegê-lo, por causa das questões que se seguem, para que seus companheiros da mesma idade não o vissem, porque foram criados com ele, e porque eles não eram inferiores em descendência nem ficavam atrás em bravura, também para que não ficassem aborrecidos e conspirassem

100. contra ele; mas, se eles não o vissem, pensariam que ele poderia ser de outra espécie. Depois de ter regulado essas coisas e de ter fortalecido a si mesmo na tirania[262], foi um severo observador da justiça. E aqueles que tinham processos deveriam enviá-los por escrito para ele no seu palácio, e depois de ele fazer julgamento, reenviaria os processos que lhe foram remetidos. E ele fazia isso quanto aos processos, mas ele regulou ainda estas outras coisas: se fosse informado sobre alguém que cometesse uma insolência, mandava trazê-lo, e ele o castigava segundo o mérito de cada um de seus erros. Também os seus observadores e ouvintes

101. estavam em todo o território que ele governava. E Déjoces uniu o povo medo em um único e governou-o. E os povos dos medos são os seguintes: busos, paretacenos, estrúcatos, arizantos, búdios e magos. Então, esses são os povos dos medos.

102. Fraortes era filho de Déjoces. Após sua morte, ele herdou o poder de Déjoces, reinando por cinquenta e três anos. Quando herdou o trono, não ficou satisfeito em governar somente os medos, mas realizou uma expedição militar contra os persas, e estes foram os primeiros a ser atacados, também os primeiros que foram subjugados pelos medos. Depois disso, com esses dois povos, ambos fortes, direcionou-se para a Ásia, indo de um povo a outro, até que

---

262. Note-se que, ao contrário da divisão que costumamos fazer entre as formas de governo, para Heródoto, um rei pode ser um tirano, ou exercer uma tirania, no sentido de que ele é um rei que exerce o seu poder com extremo autoritarismo.

empreendeu uma expedição militar contra os assírios, e estes assírios detinham Nínive[263] e antes governavam todos os seus povos, mas, nesse momento, eles estavam sozinhos, porque seus aliados militares haviam se rebelado contra eles; todavia, ao contrário do que se esperava, por eles mesmos, estavam florescendo; então, quando Fraortes realizou sua expedição militar contra eles, ele e a maior parte do seu exército foram derrotados, após ter reinado por vinte e dois anos.

103. Quando Fraortes morreu, o trono foi herdado por Ciaxares, filho de Fraortes, filho de Déjoces. Diz-se que ele foi ainda muito mais bravo do que seus antepassados. E ele foi o primeiro que distribuiu os soldados da Ásia em companhias, conforme sua qualificação, e o primeiro que os dispôs para ficarem separados uns dos outros, uns no grupo dos lanceiros, outros no dos arqueiros e outros no dos cavaleiros; antes disso, todos ficavam confusamente misturados por igual. Esse rei estava combatendo contra os lídios, quando o dia tornou-se noite no momento em que eles combatiam, e toda a Ásia acima do Rio Hális foi unida por ele. Depois de reunir todos os que eram comandados por ele, empreendeu uma expedição militar contra Nino[264], querendo vingar seu pai e destruir toda a sua cidade. Quando reunidos, eles venceram os assírios e, assim que eles se estabeleceram em Nínive, um grande exército de citas avançou, e quem os trouxe foi o rei dos citas, Mádies[265], filho de Prototis[266]; e eles invadiram a Ásia depois de terem expulsados os cimérios da Europa, perseguindo-os enquanto fugiam, assim chegaram ao território dos medos.

104. O caminho do Lago Meótis[267] até o Rio Fásis e para o território dos colcos é de trinta dias para um homem ágil, e de colcos não se

---

263. Situada na Assíria, localizava-se na margem oriental do Rio Tigre.

264. Epônimo do fundador mítico de Nínive, houve vários reis com esse nome.

265. Rei Cita, 650-600 a.C., conquistou o Império Medo, permanecendo seu senhor de 633 a 625 a.C.

266. Não dispomos de registros sobre esse rei, além dessa informação de Heródoto.

267. Os helenos deram o nome de Lago Meótis ao que os habitantes da Ásia Menor chamavam de Mar Azov, que estava localizado em uma região pantanosa do Cáucaso.

caminha muito para o território dos medos, mas há um único povo pelo meio deles, os sáspiros, e passando por esse lugar, chega-se à região dos medos. Todavia, os citas não avançaram por esse caminho, mas deram uma volta muito mais extensa ao norte desse caminho, que, no seu lado direito, eles tinham a montanha do Cáucaso[268], onde os medos se encontraram com os citas, e foram vencidos na batalha, e perderam o seu poder, e os citas

105. dominaram toda a Ásia. De lá, eles avançaram contra o Egito. E quando eles estavam em um ponto da Síria que era a Palestina[269], Psamético[270], rei do Egito, depois de ter se apresentado diante deles com presentes e súplicas para que não marchassem adiante, ele retornou. Depois de eles terem retornado, voltaram para a cidade de Ascalão, na Síria; a maior parte dos citas passou por eles sem feri-los, alguns poucos deles ficaram para trás e saquearam o templo de Afrodite[271] Urânia[272]. E esse templo era, como eu descobri por ter sido informado, o mais antigo de todos os templos[273], que era o dessa deusa; pois também o templo de Cipro se originou dele, como os próprios cíprios contam, e os fenícios são os fundadores do templo de Citera, eles eram provenientes dessa região da Síria. Mas

---

268. Região montanhosa localizada entre o Mar Negro e o Mar Cáspio, delimitando a fronteira entre a Ásia e a Europa. Cáucaso é como os helenos chamavam-no, pois os habitantes da região chamavam-no de Kafkas.

269. Região situada na antiga Síria.

270. Faraó da XXVI dinastia do Egito, 690-610 a.C.

271. Deusa do amor, filha de Urano, nascida dos órgãos sexuais de seu pai, cortados por Crono, que caíram nas ondas do mar e que, em suas espumas, geraram Afrodite. Nas águas do mar, a deusa foi levada à ilha de Citera e, em seguida, a Chipre.

272. Epíteto de Afrodite, que Platão, em seu diálogo, *O banquete*, 180d, explica que a deusa recebe esse nome por ser filha de Urano. Conforme Heródoto relata no Capítulo 131 deste livro, ela era cultuada no Oriente Médio por árabes e assírios. Como veremos nos Capítulos 131 e 132 deste livro, Heródoto registra que Afrodite era venerada por outros povos do Oriente com nomes diferentes, por exemplo, os persas denominavam-na Mitra, enquanto os assírios chamavam-na Milita.

273. O fato de o templo de Afrodite Urânia ser o mais antigo explica-se pelo seu culto primitivo estar relacionado ao do culto da Deusa-Mãe.

os citas saquearam o templo de Ascalão e os seus descendentes fizeram o mesmo, e a deusa lançou uma doença feminina sobre eles; de sorte que os citas em conjunto dizem que eles adoeceram por causa disso e veem eles mesmos, nas circunstâncias presentes, nesses que chegam ao território dos citas, como são acometidos pela doença, e os citas os chamam de Enáreas[274].

106. Os citas comandaram na Ásia por vinte e oito anos, e tudo o que eles tinham era destruído pela violência e pelo descaso. Em particular, porque cobravam tributos de cada um deles que ultrapassavam uns aos outros. Além do tributo, saqueavam o que cada um tinha enquanto cavalgavam pela região. E Ciaxares e os medos convidaram a maioria deles para uma festa, quando eles estavam embriagados, eles os massacraram, e assim os medos recuperaram o seu poder, dominaram também os povos de antes, capturaram a cidade de Nino (como eles a capturaram, mostrei em outras histórias[275]) e tornaram os assírios os seus comandados, exceto a parte que pertencia à Babilônia. Depois disso, Ciaxares, após reinar por quarenta anos, incluindo os que os citas comandaram-nos, ele morreu.

107. E Astíages, filho de Ciaxares, herdou o seu reinado. E ele tinha uma filha na qual colocou o nome de Mandane; Astíages imaginou em sonho que ela urinava tanto, de sorte que encheu a cidade, e ainda inundou toda a Ásia. Após ter comunicado sua visão durante o sono aos magos, que eram intérpretes de sonhos, ficou temeroso ao saber de cada uma das suas interpretações. Depois disso, quando Mandane já estava na idade de ter um marido, por não julgar ninguém dentre os medos digno dela, ele não a dava como esposa, por temer sua visão, e deu-a em casamento a um persa, cujo nome era Cambises, porque descobriu que ele era de família nobre e de temperamento tranquilo, que ele estava em muito abaixo de um homem medo comum.

108. Quando Mandane foi morar com Cambises, no primeiro ano, Astíages teve outra visão: pareceu-lhe que britava uma videira dos

---

274. Significa literalmente os "afeminados".

275. Heródoto escreveu uma obra intitulada *Histórias assírias*, citada por ele no Capítulo 184 deste livro. Há outra referência a essa obra em Aristóteles, *Da história dos animais*, VIII, mas esse escrito herodotiano não perdurou até os nossos dias.

órgãos sexuais dessa sua filha, e a videira cobria toda a Ásia. Após ter visto isso e comunicado aos intérpretes de sonhos, mandou vir dos persas a sua filha e, quando ela chegou, protegeu-a, porque queria matar o que estava para nascer dela; pois, a partir da visão que teve, dentre os magos, os que eram intérpretes de sonhos indicaram que o descendente de sua filha iria reinar no lugar dele. Então, Astíages, protegendo-se disso, quando Ciro nasceu, chamou Hárpago, um homem de sua família e o mais confiável dos medos e administrador de todos os seus assuntos, e disse-lhe o seguinte: "Hárpago, entrego a ti um assunto, de modo algum descuide dele, não me traia nem prefiras outros para que eu mesmo faça cair dores sobre ti pela tua falha. Pega a criança que Mandane deu à luz, leva-a contigo para matá-la; depois disso, tu mesmo a enterra, do modo como quiseres". E ele em resposta disse: "Ó rei, jamais observaste neste homem nada de desagradável, vigiarei para ti o que está por vir para não cometer nenhum erro. Mas se te é agradável que assim seja, então, eu preciso servi-lo com boa vontade".

109. Hárpago disse-lhe tais palavras em resposta. Quando ele recebeu a criança já arrumada em traje de morto, foi para casa chorando; assim que chegou, contou à sua mulher todo o discurso que Astíages havia lhe proferido. E ela lhe disse: "Agora, o que tu tens em mente de fazer?". E ele disse em resposta: "Não cumprirei a ordem de Astíages, ainda que ele fique fora de si e seja tomado por uma loucura pior que a loucura de agora, eu mesmo não concordarei com seu pensamento, nem executarei tal assassínio. Por muitos motivos, eu não o matarei, porque o menino é meu parente, também porque Astíages é velho e sem filho do sexo masculino; mas se queria que, após ele morrer, o seu reinado fosse transmitido para essa sua filha, da qual agora o filho morreria pelas minhas mãos, que outra coisa me restaria senão, doravante, correr o maior risco? Mas, por segurança, eu devo dar cabo desse menino; todavia, ele deve

110. ser morto por um dos servos de Astíages, não por mim". Ele disse isso e imediatamente enviou um mensageiro para o local dos boiadeiros de Astíages, porque sabia que um boiadeiro era mais adequado, por circular com seu rebanho também nas montanhas mais cheias de animais selvagens, e tinha um, cujo nome era Mitrídates.

E que coabitava com uma escrava dele, o nome da mulher com a qual ele coabitava era Cino, conforme a língua dos helenos, e Espaco, conforme a dos medos; pois os medos chamam cadela de *spáka*[276]. As encostas são das montanhas, onde havia os pastos dos bois em que estava, então esse boiadeiro, para o lado do vento norte de Ecbátanos e para o do Ponto Euxino. Nesse mesmo lugar, o território medo, para o lado dos saspérios[277], é montanhoso, muito escarpado e coberto por bosques, enquanto a outra parte do território dos medos é toda plana. Depois de o boiadeiro ter chegado, com muita diligência por ter sido chamado, Hárpago disse-lhe: "Astíages te ordena pegar essa criancinha e colocá-la no lugar mais ermo das montanhas, para que ela morra o mais rápido possível. E ordenou-me dizer-te o seguinte: 'Se não a matares desse modo, mas de algum modo a deixares viva, tu sofrerás com a pior morte'. E eu fui ordenado a permanecer aqui e

111. observá-lo". Após ouvir isso, o boiadeiro, pegando a criancinha, retornou pelo mesmo caminho e foi para a sua pequena propriedade. E ele mesmo tinha uma mulher, que estava grávida há um longo tempo, então, por alguma divindade, estava dando à luz e havia saído do pasto para a cidade. Ambos estavam preocupados um com o outro, ele estava apreensivo com a época do parto de sua mulher, e sua mulher porque não estava conformada que Hárpago tivesse mandado buscar o seu marido. Depois de ele ter voltado, como a sua mulher não tinha a expectativa de vê-lo, ela perguntou primeiro por que Hárpago o havia mandado buscar com prontidão. E ele respondeu: "Mulher, quando cheguei à cidade, vi e ouvi o que jamais tivesse visto e o que jamais tivesse acontecido com o nosso senhor. Toda a casa de Hárpago estava sob pranto; eu mesmo chorei quando entrei na casa. Quando rapidamente entrei, vi uma criancinha que jazia no chão, agitando-se e chorando, adornada com ouro e vestida com muitas cores. E Hárpago, quando me viu,

---

276. No original heleno, que está no caso acusativo: κύνα e σπάκα, respectivamente, *kýna* e *spáka*, ambos os termos significam "cadela". *Cino* (Κυνώ, Cynṓ) era um nome muito comum entre as escravas helenas.

277. Povo que habitava a parte noroeste da Média.

ordenou-me que pegasse a criancinha o mais rápido possível, partisse com ela e a levasse para colocá-la em um lugar das montanhas onde houvesse mais animais selvagens, dizendo que Astíages havia proferido essa ordem para mim, ameaçando-me muito, caso eu não a cumprisse. E eu a peguei e, enquanto a trazia, pensava de qual dos familiares ela seria; pois jamais imaginaria que seria daquela casa. Estava espantado porque o vi adornado com ouro e um manto; além disso, estava chorando, colocado visível na casa de Hárpago. Então, imediatamente, fui informado pelo caminho de toda a história por um servo que me acompanhou para fora da cidade e entregou-me nas mãos o recém-nascido, que era filho de Mandane, filha de Astíages e de Cambises, filho de Ciro, e que Astíages havia me

112. ordenado matar. E agora é este aqui". Assim que o boiadeiro disse isso, ele o descobriu e o mostrou para sua mulher. Quando ela viu que a criancinha era grande e de bela aparência, chorando e tocando os joelhos[278] do marido, pediu-lhe que por arte alguma o matasse. E ele lhe disse que não era capaz de agir de outra maneira que essa mesma; pois Hárpago viria para observar e inspecionar sua ação, e que, se ele não visse a ordem cumprida, ele mesmo morreria do pior modo possível. Então, como ela não persuadiu o seu marido, pela segunda vez, a mulher disse o seguinte: "Visto que desse modo não sou capaz de te persuadir a não abandoná-lo, tu faze isto: então, se há a completa necessidade de que ele seja visto exposto aos animais selvagens, pois eu também dei à luz e pari um que já estava morto, leva-o para ser exposto e a criança da filha de Astíages, como se fosse nosso, vamos criar. E assim tu não serás condenado por ter cometido uma injustiça contra os teus senhores, nem teremos mal deliberado sobre os assuntos; pois a que está morta terá um funeral régio e o que sobreviveu não terá a sua vida

113. destruída". E seguramente pareceu ao boiadeiro que a mulher havia argumentado bem sobre a presente situação, e imediatamente

---

278. Entre os antigos, particularmente entre os helenos, tocar o joelho de alguém era um sinal de respeito e, ao mesmo tempo, de alguém que estava na condição de suplicante, o que indicava que a pessoa que tocava os joelhos de alguém iria fazer-lhe um pedido muito especial.

ele fez isso: levou a criança que era para ser morta, conforme as ordens recebidas. Então, entregou à mulher a que estava viva, e pegou o cadáver da que era dele e colocou-a no cesto no lugar da outra que ele carregava; e o vestiu com todos os adornos da outra criança, levando-o para o lugar mais deserto das montanhas, ele colocou-o lá. Quando se passaram três dias que a criança estava exposta, o boiadeiro foi à cidade, deixando um de seus assistentes como vigia, e foi à casa de Hárpago e disse-lhe que estava pronto para mostrar-lhe o cadáver da criancinha. Então, Hárpago enviou os seus mais confiáveis guarda-costas para que visse por meio deles e também enterrassem o menininho do boiadeiro. E ele foi enterrado, e o que depois dariam o nome de Ciro, após pegá-lo, a mulher do boiadeiro criou-o, mas outro nome lhe foi dado que não o de Ciro.

114. Então, quando o menino tinha dez anos, aconteceu um fato que o revelou, e foi o que se segue. Ele tinha o hábito de brincar no povoado onde estavam também os próprios pastos e estava brincando com outras crianças da mesma idade no caminho. Enquanto brincavam, as crianças escolheram-no para ser o rei delas, então a criança que eles chamavam de filho do boiadeiro. E ele atribuiu-lhes funções, uns para construir casas, outros para ser guarda-costas, e um deles, por acaso, para ser o "olho do rei"[279], e concedeu a outro o privilégio de entregar-lhe as mensagens; para cada um determinou uma tarefa. Então, uma única das crianças que brincava com eles, que era filho de Artembares, um homem notável entre os medos, não fez então o que foi prescrito por Ciro, então ele ordenou que as outras crianças o colocassem em outro lugar, e as crianças obedeceram-no, e Ciro rapidamente maltratou-o muito, chicoteando-o. Em seguida, quando ele foi libertado, o mais rápido possível, porque então considerava que ele era indigno do que havia sofrido, mais ainda estava descontente, e retornou para a cidade para queixar-se com

---

279. Em dialeto iônico: ὀφθαλμὸς βασιλέος, *ophthalmòs basiléos*, "olho do rei". Tal expressão é usada para designar um emissário encarregado de inspecionar ou administrar as ordens dadas pelo rei persa. A biografia de Artaxerxes, um rei persa, 404-358 a.C., relata um episódio ocorrido depois da morte de Ciro, o qual envolve um certo Artasira, identificado como um "olho do rei". Consultar: *Vida de Artaxerxes*, XII, 1-5.

seu pai sobre as coisas que Ciro havia feito contra ele, não o chamando de Ciro (pois ele ainda não tinha esse nome), mas por filho do boiadeiro Astíages. E Artembares, porque ficou colérico, foi até Astíages, levando com ele o filho, e contou-lhe o evento monstruoso que ele havia vivenciado, dizendo: "Ó rei, pelo teu escravo, filho do boiadeiro, assim fomos fortemente insultados", mostrando-lhe

115. os ombros do seu filho. Porque Astíages viu e ouviu tudo isso, querendo vingar-se daquela criança, pela honra de Artembares, mandou buscar o boiadeiro e o seu filho; depois de ambos estarem em sua presença, Astíages, olhando para Ciro, disse: "Então, tu és, sendo esse filho desse tal, que ousaste maltratar com tal injúria o filho deste que é o primeiro que estão na minha corte?". E ele em resposta lhe disse: "Ó senhor, eu então fiz com justiça isso com ele. Pois as crianças do povoado, enquanto eles brincavam, estabeleceram um rei para eles, e dentre eles este fui eu; pois julgaram entre eles que eu era o mais apropriado para isso. As demais crianças cumpriram as ordens por mim estabelecidas, e esse as desdenhou e não lhes deu importância, o que o levou a ser punido. Se então por causa disso sou digno de

116. algum mal, que este se apresente para mim". Depois de o menino ter dito essas coisas a Astíages, veio-lhe o reconhecimento, também pareceu-lhe que as características do seu rosto eram as mesmas que as dele e que a sua resposta era mais de alguém na condição de um livre, e que o tempo da exposição do menino aos animais selvagens pareceu-lhe que coincidia com sua idade. E ele ficou espantado com isso, por um tempo ficou sem voz; então, penosamente, de algum modo, quando estava recuperado, querendo mandar Artembares embora, a fim de que ficasse somente o boiadeiro, para que fosse interrogado, ele disse: "Artembares, eu farei isso, de sorte que tu e teu filho nada tenham para reprovar". Então, ele despachou Artembares, enquanto os serviçais levaram Ciro para dentro, porque Ciro os havia ordenado a fazerem isso. Depois de o boiadeiro ter sido deixado sozinho, e estava sozinho do lado dele, Astíages perguntou o que se segue, de onde ele havia pego o menino e que tinha sido o seu doador. Ele respondeu que o menino era dele mesmo e quem o gerara estava ainda ao seu lado. E Astíages disse-

-lhe que não havia decidido bem para si mesmo e que se ele desejava chegar ao ponto das grandes torturas, e ao mesmo tempo em que falava essas coisas, fez sinal para os seus guarda-costas o agarrarem. E, porque estava sendo levado para as torturas, assim então revelou a verdadeira história. Começando desde o início, ele relatou o fato, servindo-se da verdade, e finalizou com preces de arrependimento e pedindo que ele tivesse o seu perdão.

117. Depois de o boiadeiro já ter revelado a verdadeira história a Astíages, ele considerou-o de menor importância, e, profundamente, reprovando Hárpago, ordenou aos guarda-costas que fossem chamá-lo. Quando Hárpago estava em sua presença, Astíages lhe perguntou: "Hárpago, então, de que modo morreu o menino que eu te entreguei, após minha filha tê-lo gerado?". E Hárpago, como tinha visto o boiadeiro dentro do palácio, não se voltou para o caminho da mentira, a fim de que não fosse contradito e apanhado nela, mas lhe disse o seguinte: "Ó rei, depois de eu ter pegado o menino, decidi, após refletir, que faria isso para ti de acordo com o teu sentimento, também para que eu não me tornasse o mais censurável para ti e tua filha, e que eu mesmo não fosse para ti um assassino. Então, fiz o seguinte: depois de chamar esse boiadeiro aqui, entreguei-lhe o menino, dizendo que tu o havias ordenado matá-lo; e quando eu lhe disse isso, não estava mentindo; pois tu havias ordenado isso. Todavia, entreguei este aqui, conforme as seguintes circunstâncias, ordenei que o expusesse em uma montanha deserta e que lá permanecesse e o vigiasse até o momento em que ele morresse, e o ameacei com todo tipo de punição que faria isso, caso ele não cumprisse as ordens. Depois de ele ter feito as coisas que lhe foram ordenadas, ele matou a criança, quando eu enviei os mais confiáveis dos eunucos para que eu visse por meio deles, também que eles o enterrassem. E foi assim, ó rei, a respeito desse acontecimento, também

118. o menino morreu dessa maneira". Então, Hárpago revelou-lhe o discurso correto, e Astíages, escondendo que ele tinha dentro de si a cólera pelo que havia acontecido, em primeiro lugar, conforme ele ouviu o fato do boiadeiro, novamente o relatou Hárpago; depois disso, após repeti-la para ele, finalizou, dizendo que o menino havia sobrevivido e o que havia sido feito estava bem. "Pelo que era para ter sido feito", ele disse, e continuando a falar, "com o menino, isso me fazia sofrer profundamente, e não suportava com facilidade ser acusado pela minha filha. Porque houve uma mudança para a boa sorte, por um lado, envia o teu filho para ficar ao lado desse menino recém-chegado, e por outro (porque tenho a intenção de sacrificar aos deuses uma oferenda de agradecimento pela salvação do menino, essa honra lhes é apropriada) esteja aqui em meu palácio para o jantar".

119. Hárpago, assim que ouviu isso, saudou-o fazendo uma grande reverência, porque o seu erro havia se apresentado adequado e porque tinha tido a valiosa sorte de ter sido convidado para o jantar, então foi para sua casa. Quando chegou, o mais rápido possível, pois ele tinha um único filho, com mais ou menos treze anos de idade, enviou-o para ir, por ordem de Astíages, e que ele fizesse o que lhe fosse ordenado. E ele, que estava excessivamente alegre, contou à sua mulher os fatos ocorridos. E Astíages, assim que o filho de Hárpago chegou, degolou-o e separou membro por membro, umas partes de suas carnes foram assadas e outras foram cozidas, para que fossem bem preparadas e estivessem prontas. Quando chegou a hora do jantar, os demais convivas estavam presentes, também Hárpago, e o restante dos convivas e o próprio Astíages colocaram-se ao lado da mesa, que estava repleta de carnes de carneiro, e, para Hárpago, as do próprio filho, excetuando a cabeça, as mãos e os pés, havia todo o restante do seu corpo; e essas foram cobertas e postas à parte no cesto. Assim que lhe pareceu que Hárpago tinha comido uma quantidade suficiente de alimento, Astíages perguntou-lhe se ele havia comido de forma prazerosa. Quando Hárpago disse que ele havia comido muito, trouxeram à sua presença a cabeça, as mãos e os pés do seu filho, que estavam entre as carnes escondidas e postas à parte, e ele ordenou a Hárpago que descobrisse as carnes colocadas diante dele e que pegasse a que quisesse dentre elas. Após tê-lo obedecido e as descoberto, Hárpago viu os restos do seu filho; mesmo tendo visto aquilo, ele não ficou atônito e se conteve. E Astíages perguntou-lhe se ele reconhecia de qual animal selvagem era aquela carne que havia comido. E ele respondeu-lhe que reconhecia e que tudo o que o rei fazia era o melhor. Após ter-lhe dito essas coisas em resposta, ele pegou o restante das carnes e foi para sua casa. De lá, tinha a intenção de, como eu penso, reuni-las e enterrar tudo[280].

120. E essa foi a punição que Astíages impôs a Hárpago. E a respeito do que seria decidido sobre Ciro, chamou os mesmos magos, os que eram intérpretes de sonhos, e que lhe deram a mesma interpretação; quando chegaram, Astíages perguntou qual era o julgamento deles sobre sua visão. E eles responderam as mesmas coisas, dizendo que o menino precisaria reinar se fosse salvo, e caso não morresse antes. E ele, em resposta, disse-lhes: "O menino existe e está presente. Ele vivia no campo e os meninos do povoado estabeleceram-no como rei; e ele fez e ordenou tudo o que os verdadeiros reis fazem; depois de ele dispor os guarda-costas, os guardiões das portas, os mensageiros e todo o restante, governou. E agora, o que isso vos parece transmitir?". E os magos lhe responderam: "Se o menino está presente e reinou por causa de algo que não foi de propósito, tenha coragem em virtude disso e tem um bom ânimo; pois ele ainda não governará pela segunda vez. Em comparação aos pequenos fatos, algumas de nossas predições aconteceram, e algumas coisas dos sonhos são absolutamente encaminhadas para algo sem importância". E Astíages, em resposta, disse-lhes o seguinte: "Também eu, magos, estou muito mais com esse mesmo pensamento, porque o menino, quando foi chamado rei, o sonho foi realizado, e não há ainda nada de temível que eu tenha contra esse menino. Todavia, de qualquer maneira, aconselhai-me, examinando bem a situação, quais serão as decisões mais seguras para minha casa e para vós". Os magos disseram-lhe as seguintes palavras: "Ó rei, nós mesmos temos em alta conta que teu governo seja bem-sucedido. Pois, sem sucesso, o poder passa para esse menino que sobreviveu, porque é um persa, e nós, que somos medos, seremos escravizados e tratados sem importância pelos persas, porque são estrangeiros; enquanto te

---

280. O relato de Heródoto lembra a célebre história de Atreu, filho de Pélops e de Hipodâmia, que era o irmão mais novo de Tiestes. Segundo a lenda, Atreu mandou matar os três filhos do seu irmão, cortá-los em pedaços e servi-los a ele em um banquete. Do mesmo modo, após Tiestes ter se saciado, Atreu ordenou que as cabeças dos seus filhos fossem exibidas para ele, revelando assim a origem das carnes que comera.

encontrares no lugar do rei, que és nosso concidadão, governamos na nossa parte e temos grandes horas por ti. Assim, perfeitamente temos o dever de cuidar de ti e do teu poder. E agora se tivéssemos visto nisso algo a ser temido, teríamos contado tudo para ti antes. Na realidade, o teu sonho encaminha-se para algo insignificante e nós mesmos estamos cheios de confiança e exortamos também a ti que a tenha quanto aos outros assuntos dessa espécie. E que envie esse menino para longe dos teus olhos,

121. para a Pérsia, para aqueles que o geraram". Depois de ouvir isso, Astíages alegrou-se, chamou Ciro e disse-lhe o seguinte: "Menino, por causa de uma visão tida em um sonho, que não foi cumprida, cometi uma injustiça contra ti, mas sobreviveste por força do teu destino; agora, vai com alegria para a Pérsia, e eu enviarei contigo alguns guardas para a tua escolta. Quando chegares lá, encontrarás um pai e uma mãe que não são como o boiadeiro Mitrídates e a sua mulher".

122. Após dizer isso, Astíages mandou Ciro embora. Quando ele chegou ao palácio de Cambises, aqueles que o geraram receberam-no, e assim que o pegaram, foram informados a respeito dele, então eles lhe deram as boas-vindas com intensidade, porque acreditavam que ele, nesse momento, havia morrido imediatamente, e investigaram de que modo ele havia sobrevivido. E ele lhes disse, falando que não sabia de nada antes, mas que havia sido enganado ao máximo, mas que, pelo caminho, havia sido informado sobre todo o seu sofrimento; pois ele acreditava que era filho do boiadeiro de Astíages, mas ao longo daquele caminho foi informado de toda história pelos que o acompanharam. Ele disse que foi criado pela mulher do boiadeiro, e o tempo todo fazia elogios a ela, e Ciro estava presente na maior parte do seu diálogo. E os seus pais, após reterem esse nome, a fim de que parecesse aos persas que a sua sobrevivência era de natureza divina e por esse motivo eles tinham o menino, divulgaram o rumor que, após ter sido exposto, Ciro foi alimentado por uma cadela. A partir de então, esse rumor avançou.

123. Enquanto Ciro tornava-se homem, sendo o mais corajoso e o mais querido dos de sua mesma idade, Hárpago mantinha-

-se por perto, enviando-lhe presentes, porque desejava vingar-se de Astíages. Por ele mesmo ser um simples indivíduo, não via como faria a sua vingança contra Astíages, mas porque via Ciro crescendo, considerou fazer uma aliança militar com ele, visto que comparava os seus sofrimentos aos de Ciro. Por causa disso, ainda trabalhava para tal fim do seguinte modo: porque Astíages era cruel com os medos, unindo-se com cada um deles, Hárpago persuadiu os medos mais importantes de que era preciso interromper o reinado de Astíages para colocarem Ciro em seu lugar. Quando ele havia executado o seu plano e estava pronto para agir, assim, Hárpago quis mostrar o seu plano para Ciro, que estava vivendo entre os persas, mas não havia como fazê-lo, porque as estradas estavam sendo vigiadas, ele tramou o que se segue. Depois de ter preparado com arte uma lebre, fazendo um corte preciso no seu ventre, sem que fosse notado, colocou uma folha de papiro dentro dela, na qual escreveu as palavras que lhe pareceram boas; depois de ter costurado o ventre da lebre, deu redes de caçador a um dos servos de sua casa, o que era o mais confiável, e o enviou aos persas, ordenando-lhe de viva voz que entregasse a lebre para Ciro, que lhe dissesse para ele abri-la com as suas próprias mãos e que não fizesse nada disso

124. na presença de alguém. Então, essas ordens foram levadas a bom-termo, e Ciro recebeu a lebre e a abriu; depois de ter encontrado a folha de papiro que havia na lebre, ele a leu. E a mensagem dizia o seguinte: "Ó filho de Cambises, os deuses te protegem, pois não alcançarias tamanha sorte, tu, vinga o teu assassino. Pois pela vontade dele tu estarias morto, mas pela dos deuses e também a minha sobrevives. Há muito penso que tu já conhecias todos os fatos, e a respeito do que sofri e como eu passei nas mãos de Astíages, porque não te matei, mas te entreguei ao boiadeiro. Tu, se quiseres me obedecer, governarás todo esse território que Astíages então governa. Se persuadires os persas a organizarem uma revolta e a empreenderem uma expedição militar contra os medos, e se eu for indicado por Astíages para ser o comandante do exército[281] contra

281. O termo é στρατηγός, *stratēgós*, que se pode traduzir por estratego, trata-se de um termo relacionado à esfera militar helena, porém, como vimos, Heródoto utiliza termos helenos para expressar cargos, funções e outros elementos próprios

ti, e se tu quiseres que essas coisas aconteçam, e se algum outro dentre os notáveis medos for escolhido; esses serão os primeiros a se afastarem dele e se tornarão favoráveis a ti para tentar derrubá-lo. Porque estou pronto daqui, faz isso e o faz o mais rápido possível.

125. Depois de ter ouvido isso, Ciro preocupou-se com qual seria o modo mais sábio para convencer os persas a se rebelarem. Após ter refletido, encontrou as que eram as mais convenientes para ser executadas, que são as que se seguem. Ele escreveu o que quis em uma folha de papiro, realizou uma assembleia com o povo persa, depois disso, desenrolou a folha de papiro e a leu, disse que nela Astíages o indicava como o comandante do exército dos persas. "E agora", ele disse enquanto lia, "persas, ordeno a vós que estejais presentes diante de mim, cada um com a vossa foice". Então, Ciro ordenou publicamente isso. E há numerosos povos persas. E Ciro reuniu os deles e os persuadiu a fazer uma revolução contra os medos; e estes são os seguintes, e todos os outros persas eram dependentes deles: os pasárgadas, os maráfios, os máspios; dentre os quais os pasárgadas são os melhores, e entre eles também os aquemênidas eram clãs, de onde os reis da Pérsia eram originários. E os outros persas são os seguintes: pantialeus, derusieus, germanos; esses todos eram lavradores, mas os demais eram nômades, os daos, mardos, drópicos

126. e sagárcios. Quando todos estavam presentes com o que havia sido pedido, nesse momento Ciro – pois havia um armado de espinhos naquela região da Pérsia que tinha a extensão de dezoito ou vinte estádios para cada lado – ordenou-lhes que o cultivasse em um dia. Após os persas terem cumprido a tarefa que lhes foi ordenada, em seguida, ordenou-lhes que tomassem banho e se apresentassem no dia seguinte. Nesse momento, Ciro reuniu todos os rebanhos de cabras, as ovelhas e o gado do seu pai e sacrificou-os, e preparou-os para que fossem oferecidos ao exército dos persas; além disso, o vinho e os alimentos que lhes eram convenientes; no

---

do mundo dos persas ou dos medos. Na Hélade, o estratego era um comandante militar. Havia em Atenas, a partir de 501 a.C., dez estrategos, cada um comandando o regimento de hoplitas do seu povo, e todos subordinados a um comandante supremo: o polemarco.

dia seguinte, quando os persas chegaram, reclinaram-se no prado e se alimentaram com fartura. Depois de terem terminado o seu jantar, Ciro perguntou-lhes se os acontecimentos do dia anterior eram mais desejáveis que os presentes. E eles disseram que foram muito diferentes; pois tiveram todas as coisas ruins no primeiro dia, enquanto todas as coisas boas foram no dia presente. Reportando-se à essa opinião, Ciro revelou-lhes todo o seu raciocínio, dizendo: "Homens persas, assim sois vós; se quiserdes me obedecer haverá estas e outras incontáveis coisas boas, e não tereis nenhuma fadiga digna de escravos; se não quiserdes me obedecer haverá para vós incontáveis trabalhos bem parecidos com os de ontem. Agora, se me obedecerdes, vós vos tornareis livres. Pois eu mesmo penso que nasci por uma sorte divina, para que essas coisas fossem conduzidas para as minhas mãos; também não considero que vós sois homens mais insignificantes que os medos, nem quanto ao restante, nem nos assuntos da guerra. Porque sois assim, façam o mais rápido possível uma revolução contra Astíages".

127. Os persas, porque há muito eram maltratados pelos medos, receberam-no alegres como chefe para comandá-los para ser homens livres. E Astíages, quando foi informado de que Ciro estava fazendo isso, enviou um mensageiro para chamá-lo. E Ciro ordenou ao mensageiro anunciar que iria até ele antes que o próprio Astíages desejasse. E, depois de ouvir isso, Astíages armou todos os medos, como se fosse um homem cegado pelos deuses, e indicou Hárpago como comandante do seu exército, esquecendo-se das coisas que lhe havia feito. Quando os medos realizaram sua expedição militar contra os persas, que estavam misturados, alguns deles combatiam contra si mesmos, os que não eram cúmplices do discurso, e outros desertaram para o lado dos persas, e a maioria

128. mostrou-se covarde e fugiu. Assim que a expedição militar dos medos foi vergonhosamente derrotada, e quando Astíages foi rapidamente informado sobre isso, ele disse, ameaçando Ciro: "Mas nem assim Ciro se comprazerá". Depois de ter proferido tamanha ameaça, em primeiro lugar, os magos que eram intérpretes de sonhos, os que o haviam persuadido a deixar Ciro ir embora, esses mandou empalar, depois disso, armou os jovens e os velhos homens que restaram na cidade dos medos. Depois de ele tê-los conduzido e atacado os persas, eles foram derrotados, e o próprio Astíages foi capturado e perdeu os medos que ele conduzia.

129. E Astíages estava na condição de cativo, quando Hárpago colocou-se diante dele, riu-se a sua custa e abateu-o com injúrias, dizendo para ele outras palavras dolorosas; além disso, perguntou-lhe a respeito do seu próprio jantar, sobre o que ele comeu as carnes do seu filho, e o que seria para ele a escravidão em vez da realeza. E Astíages olhou para ele e contestou-o, perguntando se ele mesmo havia feito o trabalho de Ciro. E Hárpago disse que ele mesmo havia escrito a Ciro e que o feito então seria com justiça dele. E Astíages mostrou-lhe em palavra que ele era o mais funesto e injusto de todos os homens, certamente o mais funesto, se poderia ter tido a realeza para si mesmo, se então os fatos presentes foram realizados por ele mesmo, por ter entregado o poder a outro, era o mais injusto, porque havia escravizado os medos por causa de um jantar; se é verdade então que deveria ter entregado completamente a realeza para outro e não a ter para ele mesmo, e que seria mais justo se tivesse entregado esse bem a um dos medos que a um dos persas; e que, na realidade, os medos, sendo inocentes, haviam se tornado escravos em vez de senhores, enquanto os persas, que antes eram escravos dos medos, agora haviam se tornado seus senhores.

130. Astíages, que havia sido rei por trinta e cinco anos, assim foi deposto de seu reinado, e os medos curvaram-se sob o jugo dos persas por causa de sua crueldade, e governaram a parte alta da Ásia acima do Rio Hális por cento e vinte oito anos[282], fora o tempo em que os citas os governaram[283]. Todavia, em um tempo posterior, houve arrependimento entre eles por terem feito isso e eles se rebelaram contra Dario; mas, depois de terem se revoltado, foram novamente subjugados, porque foram vencidos na batalha. Nesse momento, à época de Astíages, Ciro e os persas revoltaram-se contra os medos, e desde então governaram a Ásia. E Ciro não fez mal algum a Astíages e o manteve em sua própria casa até que ele morreu. Assim, então,

---

282. Estima-se que tenha sido no período de 687 a 559 a.C.

283. Os citas governaram os medos entre os anos de 634 e 606 a.C.

Ciro nasceu, foi criado, reinou, subjugou Creso, porque antes havia sido o primeiro a cometer injustiças, como havia sido dito por mim antes. E, após tê-lo subjugado, assim governou toda a Ásia.

131. Sei que os persas praticam os costumes que se seguem, não consideram em seu hábito erigir estátuas, templos e altares, mas sustentam que é uma tolice para quem os fazem, como me parece, porque não acreditam que os deuses tenham uma natureza humana, conforme os helenos. Eles acreditam em Zeus, sobem nos pontos mais altos das montanhas para fazer seus sacrifícios, e chamam de Zeus toda a abóboda celeste. Também sacrificam ao Sol, à Lua, à terra, ao fogo, à água e aos ventos. Então, fazem sacrifícios somente para esses desde o princípio e sabem também realizar sacrifícios à Urânia, o que aprenderam com os assírios e os árabes; mas os assírios a chamam Afrodite Milita[284];

132. e os árabes, Alilata[285]; enquanto os persas, Mitra[286]. O modo de sacrificar estabelecido pelos persas para os referidos deuses é como se segue. Não constroem altares nem acendem uma pira, quando têm a intenção de realizar sacrifícios; não usam libações, nem flauta, nem insígnias sagradas, nem grãos moídos de cevada. Para qualquer um dos deuses que alguém queira fazer sacrifícios, o sacrificante conduz o animal para um lugar puro e invoca o deus, estando coroado com uma tiara de mirto, principalmente. Então,

---

284. A deusa relacionada à prática da prostituição sacra, na qual a relação sexual com a sua sacerdotisa ocorria pela busca da energia vital, que propiciava a fertilidade e a prosperidade econômica da comunidade.

285. O nome árabe Alilat corresponde ao heleno Οὐρανία, *Ouranía*, isto é "Urânia" ou "Celeste". Não dispomos de informações precisas sobre a deusa, especula-se que ela esteja relacionada ao mito da primeira mulher, como a nossa Eva.

286. Há registros de que o culto de Afrodite Mitra chegou à Hélade no período helenístico, associado à deusa Hemera, personificação do dia, e que sobreviveu até a época romana. Para que não haja dúvidas, convém ressaltar que não se trata de Mitra, o deus sol da mitologia persa, que foi muito cultuado no Império Romano por uma corrente religiosa chamada Mitraísmo. Também há associação da deusa ao mito da Grande Mãe, uma vez que a grafia de Μίτρα, *Mitra*, está próxima da palavra helena Μήτηρ, *Mētēr*, que, por sua vez, nos remete à deusa helena Δημήτηρ, *Dēmētēr*, ou seja, Deméter, que também está associada ao culto primitivo da Grande Mãe.

enquanto sacrifica, não invoca coisas boas para si mesmo em particular, mas para todos os persas, faz preces para o bem-estar também do seu rei; pois ele mesmo está entre todos os persas. Depois de cortar o animal para o sacrifício em pedaços, parte por parte, coze suas carnes, depois, em um campo coberto de ervas, o mais delicado possível, principalmente o trevo de três folhas, e nele coloca então todas as carnes. Após serem colocadas por ele, um mago coloca-se diante delas e canta uma teogonia[287], como eles dizem que é o seu canto; pois, sem o mago, não lhes é lícito fazer os sacrifícios. Pouco tempo depois, o que faz o sacrifício leva as carnes e faz com elas o que quiser.

133. Consideram que o dia mais honrado de todos é o dia do nascimento. Nesse dia, mais do que nos outros, julgam que é justo oferecer um jantar, no qual, nos mais ricos deles, são servidos bois, cavalos, camelos e asnos inteiros assados no forno, enquanto os pobres são servidos com o restante dos rebanhos menores; servem-se de poucos alimentos, mas as sobremesas são muitas, mas não são das melhores. Por tudo isso, os persas dizem que os helenos, após comerem, estão com fome ainda para que parem, porque nada que valha a pena lhes é trazido após o jantar, e que, se algo apreciável lhes fosse trazido, comeriam e não parariam. O povo é muito afeiçoado ao vinho. E não é permitido entre eles nem vomitar, nem urinar na frente de qualquer um. E assim essas coisas são observadas. Quando estão embriagados, costumam deliberar sobre os assuntos mais sérios. O que é deliberado por eles, isso no dia seguinte, quando estão sóbrios, o chefe da casa recoloca no ponto em que haviam deliberado; e se estiverem de acordo quando sóbrios, aproveitam isso, se não estiverem de acordo, rejeitam-no; e o que eles deliberam quando estão sóbrios reconsideram quando estão embriagados.

134. Quando, por acaso, dois homens encontravam-se em uma estrada, alguém poderia compreender se os circunstantes eram iguais socialmente; pois, em vez de saudarem um ao outro com palavras, beijavam-se na boca. Mas, se um dos dois estivesse um pouco abaixo,

---

287. Um canto sobre a origem dos deuses, conforme a doutrina do Zoroastro, religião da Pérsia, sem qualquer semelhança com o canto dos helenos.

beijavam-se nas bochechas. E, se um dos dois fosse muito menos nobre, punha-se de joelhos e prosternava-se diante dele. Estimam, em primeiro lugar, os que habitam próximo a eles – depois deles mesmos, certamente; em segundo lugar, os que secundam a estes, e depois, conforme a lógica, estimam os que estão mais longe; os que habitam mais afastados são menos estimados, porque consideram que eles mesmos são, em muito, os mais virtuosos dos homens em todas as coisas; e os demais, conforme o discurso proferido, estavam em posição oposta pela virtude, e os que habitavam mais afastados deles eram piores. No tempo em que os medos governavam, e que os povos governavam uns aos outros, os medos a todos juntos e ainda os que habitavam próximo a eles, estes, por sua vez, sobre os seus fronteiriços; e os persas estimavam mais os que estavam sob o seu poder, conforme a mesma lógica; pois todo povo expande para um o seu poder e sua administração.

135. Quanto aos costumes estrangeiros, os persas são os que mais os seguem dentre os homens. Pois também usam vestimentas dos medos, considerando-as mais belas que as suas, colocam couraças egípcias para ir às guerras e ocupam-se com todos os tipos de prazeres sobre os quais são informados. Além disso, têm relações sexuais com os meninos, porque aprenderam isso com os helenos. E casam-se, cada um deles, como muitas mulheres legítimas e ainda adquirem muito mais concubinas.

136. E a bravura própria é aprovada, depois ser corajoso em combate. O que é recebido favoravelmente é ter muitos filhos; para aquele que mostra a maior quantidade deles, o rei lhe envia presentes todo ano; consideram que a quantidade é um tipo de força. Educam seus filhos, começando a partir dos cinco anos até os vinte para somente três coisas: cavalgar, usar arco e flecha e dizer a verdade. Antes de atingirem os cinco anos de idade, não são levados à vista do pai, mas vivem com as mulheres; fazem isso assim, por causa disto: para que, se eles morrerem durante a criação, nenhum desgosto recaia sobre o pai.

137. Louvo esse costume, louvo também o seguinte, o de que, por um único motivo, o próprio rei não condena ninguém à morte, nem a algum dos demais persas a nenhum dos seus servos; por uma única causa, é possível ser implacável aplicando-lhe uma punição; mas, depois de realizar uma avaliação, se descobrisse mais e maiores ações injustas que os serviços prestados, assim é possível que se sirva da cólera que há em seu peito. E dizem que ninguém um dia matou seu próprio pai nem mãe, mas quantas vezes tais acontecimentos ocorram, contam que há uma razão muito convincente, que, após investigação das causas desses fatos e uma razão, esses são descobertos como sendo supostos filhos ou nascidos no adultério; pois dizem que não é plausível que um pai verdadeiro seja morto pelo seu próprio filho.

138. As coisas que não lhes são permitidas fazer, estas não lhes são permitidas dizer. E consideram que a pior coisa para eles é mentir; em segundo lugar, contrair uma dívida; por causa de muitas e outras razões, dizem que é mais necessário para aquele que é devedor dizer alguma mentira. Quem, dentre os cidadãos, tem a lepra ou a lepra branca[288], este não entrava na cidade nem se misturava aos demais persas; dizem que ele a tinha por ter cometido algum pecado contra o Sol; e todo estrangeiro que a contraísse era banido por eles da sua terra, e as pombas brancas, sustentadas pelo mesmo motivo. Eles não urinam, nem cospem em um rio, não lavam suas mãos nele nem permitem isso a nenhum outro, mas veneram intensamente os rios.

139. Há outra coisa que acontece de eles terem, que passa despercebido aos próprios persas, todavia não a nós, que é o seguinte: os nomes que eles dão, que são semelhantes ao seu corpo e à sua magnanimidade, terminam todos na mesma letra, que os dórios chama σάν (*sán*); e os iônios, σίγμα (*sígma*)[289]. Se investigares, descobrirás que os nomes dos persas terminam nessa letra, não uns nem outros, mas igualmente todos.

140. Posso falar precisamente sobre esses nomes, porque os conheço. Todavia, há coisas sobres as quais se fala de modo secreto e não

---

288. Entre os antigos, havia dois tipos de lepra: a mais perigosa, mortal, a lepra negra, e a mais branda, conhecida como lepra branca.

289. Letra do alfabeto heleno que equivale ao nosso "s".

claramente sobre aquele que morreu, como não se enterra primeiro o cadáver de um homem persa antes que ele seja arrastado por uma ave ou um cão. Sei precisamente que os magos fazem isso; pois eles o fazem abertamente. Depois de cobrirem o cadáver com cera, os persas enterram-no. E os magos em muito se distinguem dos demais homens e dos sacerdotes do Egito; pois eles consideram um ato de pureza não matar nenhum ser vivo, a não ser os que são oferendas para sacrifícios. Os magos matam todos com suas próprias mãos, exceto cães e homens, igualmente formigas, cobras e demais rastejantes e voadores. E basta sobre o que há em torno desse costume; que é praticado como na sua origem; e retorno para o primeiro assunto.

141. Iônios e eólios, quando os lídios rapidamente foram conquistados pelos persas, enviaram mensageiros para Sárdis, ao palácio de Ciro, querendo estar nas mesmas circunstâncias que estavam quando eram súditos de Ciro. Depois de ouvir as coisas que eles lhe propunham, ele respondeu-lhes com uma fábula: conta-se que um flautista, quando viu peixes no mar, começou a tocar, pensando que eles saltariam na terra. Porque foi enganado por sua esperança, pegou uma rede, jogou-a e puxou um grande número de peixes, quando os viu agitando-se vivamente, ele então disse aos peixes: "Parai de dançar para mim, visto que não quisestes saltar, dançantes, para mim quando eu toquei minha flauta".[290] Ciro contou essa fábula aos iônios e eólios por causa do seguinte: porque os iônios primeiro, quando o próprio Ciro pediu-lhes, por meio de mensageiros, que se revoltassem contra Creso, não se persuadiram, mas, nesse momento, porque os acontecimentos já se encontravam concluídos, estavam dispostos a obedecer a Ciro. Ele, tomado pela cólera, disse-lhes essas coisas. E os iônios, porque ouviram essas palavras, quando retornaram para sua cidade, cercaram-na com muralhas, cada um deles e os demais se reuniram no

290. Há uma fábula atribuída a Esopo, século VI a.C., intitulada "O pescador que tocava flauta", cujo conteúdo é muito parecido com o da fábula narrada por Ciro, embora a esópica seja um pouco mais extensa e rica em detalhes. Consultar a "Introdução às *Histórias*" deste volume.

Paniônio[291], exceto os milésios; os únicos para os quais Ciro havia feito um acordo nas mesmas condições que quando sob o lídio. E o restante dos iônios decidiu em comum acordo enviar mensageiros a Esparta para pedir ajuda aos iônios.

142. E esses iônios, que são do Paniônio, haviam fundado a cidade de todos os homens no ponto mais belo do céu e das estações que conhecemos; pois não é a região do alto, nem de baixo, nem a mesma que está abaixo na Iônia, nem as para a aurora nem para o ocaso, pois umas são atormentadas pelo frio e outras pela umidade, e umas pelo calor e pela estiagem. E esses não compartilham a mesma língua, mas têm quatro tipos de variações de dialeto. Mileto é a primeira cidade dentre elas assentada para o sul, depois vem Miunte[292] e Priene. Estas estão situadas na Cária e falam o mesmo dialeto entre eles. E as que estão na Lídia são as seguintes: Éfeso, Cólofon, Lêbedo[293], Teos[294], Clazômenas e Foceia; essas cidades falam a mesma língua entre elas, em nada concordam com o dialeto das que antes foram relacionadas. E, além disso, as três cidades iônias restantes, dentre as quais, duas situadas em ilhas, Samos e Quios[295], e uma assentada na planície, Eritreia[296]; quios e eritreus falam o mesmo dialeto, os sâmios são os únicos que falam o seu próprio. Essas sãos as quatro

143. línguas características. Dentre esses iônios, os milésios estão ao abrigo do medo, porque fizeram um acordo, e para os ilhéus não havia nenhum perigo; pois os fenícios jamais foram servos dos persas nem os próprios persas eram marinheiros. Esses se separaram

---

291. Um santuário central que também era um local de reunião dos helenos da Liga Iônia, onde havia ainda a realização de um festival com os chamados Jogos Paniônias.

292. Cidade localizada na Ásia Menor, que, antes de ser dominada pelos helenos, pertencia à Cária.

293. Uma das cidades da Liga Iônia, situada ao sul de Esmirna e Clazômenas.

294. Cidade que integrava a Liga Iônia, vizinha de Lêbedo.

295. Ilha situada ao sul da Hélade, no chamado Mar Egeu, também compunha a Liga Iônia.

296. Cidade situada na Ásia Menor, banhada pelo Mar Vermelho.

dos demais iônios por outra coisa senão pela fraqueza de toda a raça helênica nesse momento, em muito a raça iônica era a mais fraca e a menos respeitável dos povos; pois, a não ser Atenas, nenhuma outra cidade era respeitável. Os outros iônios e atenienses fugiam de seu nome, não queriam ser chamados de iônios[297], mas parece-me que ainda hoje a maioria deles fica envergonhada por esse nome; e essas doze cidades exaltavam esse nome e edificaram um templo para eles mesmos, no qual colocaram o nome Paniônio[298], e deliberaram que não admitiriam nesse lugar nenhum outro que não fosse os povos iônios (e nenhum deles pediu

144. para compartilhá-lo que não os esmirneus), conforme isso, os dórios da atual região da Pentápolis[299], antes essa era chamada Hexápolis[300], eles o protegem excessivamente para não permitir a entrada de nenhum dos dórios no Santuário Triópio[301], mas também excluem da participação os que, dentre eles mesmos, cometeram ilegalidades no templo. Pois, nos jogos em honra de Apolo Triópio, há muito ofereceram trípodes de bronze aos seus vencedores, mas era preciso que esses que as recebessem não as retirassem do templo, mas que lá as deixassem depositadas para o deus. Então, um homem de Halicarnasso, cujo nome era Agásicles, um vencedor nos jogos, negligenciou a lei, levando-a para sua própria casa, pendurando a trípode na parede. Por essa razão, as cinco cidades, Lindo[302],

---

297. Além do rapto de Io, que vimos nos Capítulos 3 e 4 deste livro, essa afirmação de Heródoto causa estranheza e indignação em Plutarco. Há muitos outros episódios ao longo dessas *Histórias* que são veementemente rechaçados por Plutarco de Queroneia. Para mais detalhes, consultar o tratado *Da malícia de Heródoto*, no qual o autor enumera os principais relatos maliciosos de Heródoto contra os helenos.

298. O nome em heleno Πανιώνιον (*Paniōnion*) é composto por Παν (*Pan*), que significa "todo" e por ιώνιον (*iōnion*), por sua vez, "povo iônio" ou "raça iônia"; assim, o local era dedicado a todo o povo iônio.

299. Termo que significa a região das "cinco cidades".

300. Como o anterior, mas "seis cidades".

301. Epíteto de Apolo, na região da Cária, por seu templo estar localizado no promontório Triópio, na península de Cnido.

302. Localizada na Ásia Menor.

Iálisos[303], Camiro[304], Cós[305] e Cnido, excluíram a participação da sexta cidade, Halicarnasso. Essas, então, estabeleceram uma multa para eles.

145. E parece-me que os iônios conceberam doze cidades e não quiseram nem admitiram mais por causa disto: porque, quando habitavam Peloponeso, eles formavam doze partes, conforme hoje, após os aqueus os terem expulsado, os iônios estão divididos em doze partes, Pelene[306], certamente a primeira, depois Sícion[307], depois Egira[308] e Egas[309], na qual o Rio Crátis é sempre fluente, a partir do qual o rio que há na Itália recebeu o seu nome, e Bura[310] e Hélice[311], para onde os iônios fugiram após serem derrotados na batalha pelos aqueus, e Egon[312] e Ripes[313], e os patrenses, fários e olenos[314], na qual está o

---

303. Como a anterior, localizada na Ásia Menor.

304. Também localizada na Ásia Menor, região da Anatólia.

305. Ilha helena situada no Mar Egeu.

306. Cidade localizada na península do Peloponeso, que à época micênica foi a cidade principal da Lacônia.

307. Cidade do Peloponeso, na qual reinou Adrasto, filho de Górdio, contemporâneo de Creso.

308. Localizada na região do Peloponeso, essa cidade e as demais formavam a antiga região helena conhecida com Acaia.

309. Também integrava a antiga região da Acaia, assim como estava localizada na península do Peloponeso.

310. Como as cidades anteriores, integrava a Liga Aqueia e estava localizada na península do Peloponeso, na antiga região da Acaia.

311. Como as citadas anteriormente, estava localizada no extremo norte da península do Peloponeso, compunha a Liga Aqueia.

312. Igualmente localizada no extremo norte da península do Peloponeso, na antiga região da Acaia.

313. Também integrava a Liga Aqueia, localizada na mesma região que as citadas anteriormente.

314. Patrenses, fários e olenses eram povos que habitavam a mesma região das cidades relacionadas.

grande Rio Piros, e Dime[315] e Tritea[316], os únicos dentre eles que habitavam o interior. Essas doze divisões agora são dos aqueus, antes, eram dos iônios.

146. Por causa disso, os iônios conceberam doze cidades, visto que é muita tolice dizer que esses são mais iônios que os demais iônios, e que têm a mais bela origem, dentre eles estão os abantes da Eubeia[317], uma parte que não é pequena, os quais nada têm nem compartilham do nome da Iônia, os mínios de Orcômeno[318], e os cadmeus, dríopes, foceus separados do restante, e os molossos, árcades pelasgos e os dórios epidauros, e muitos outros povos que se misturaram. Dentre os que são provenientes do pritaneu[319] de Atenas, eles mesmos consideram que são os mais nobres dos iônios, esses não trouxeram suas mulheres para a colônia, mas se uniram às cárias, das quais mataram seus pais. Por causa desse morticínio, as mulheres instituíram uma lei, que impuseram a si mesmas por meio de juramentos, e a transmitiram para suas filhas: jamais comeriam junto com seus maridos nem chamariam o seu marido pelo nome; por causa disso, após seus pais, maridos e filhos terem sido mortos por eles, em seguida a isso, fizeram com que elas coabitassem com eles.

147. Isso aconteceu em Mileto. Alguns dos lícios instituíram como rei Gláucon[320], nascido de Hipóloco[321], outros dentre os cáucones

---

315. Cidade localizada na península do Peloponeso, na mesma região das demais, um pouco mais para o interior.

316. Localizada no interior da região da antiga Acaia.

317. Ilha helena situada no Mar Egeu, cuja cidade principal é Cálcis.

318. Cidade localizada na Grécia Central na região da Beócia, povo de origem tessália.

319. Local consagrado à deusa Héstia, regente das regras de hospitalidade, conhecida como a Deusa da Lareira. O Pritaneu, "Salão da Cidade", era uma construção encontrada nas maiores cidades helenas, destinada à recepção de hóspedes ilustres que usufruíam da lareira citadina.

320. Conhecido por ser o maior guerreiro dos lícios.

321. Citado apenas como pai de Gláucon.

de Pilos[322], descendentes de Codro[323], filho de Melanto[324], outros ainda instituíram ambos ao mesmo tempo. Mas eles solicitam insistentemente o nome mais que os demais iônios, e colocam-se ainda como os iônios puros de nascimento. Todos são iônios, quantos nasceram do pritaneu de Atenas e celebram a festa das Apatúrias[325]. E todos a celebram, exceto os efésios e os colofônios; pois esses são os únicos dentre os iônios que não celebram as Apatúrias, e esses, pelo pretexto de

148. um assassinato havido. E o Paniônio é uma região sagrada de Mícale[326], voltada para o norte, que foi dedicado em comum pelos iônios ao deus Posídon[327] Helicônio[328]; e Mícale é um promontório de terra firme voltado para o Vento Zéfiro[329] e posicionado defronte de Samos, onde os iônios, vindos das cidades, reuniam-se para celebrar a festa, no local em que colocaram o nome Paniônia. Percebe-se que não somente as festas são dos iônios, mas também de todos os helenos por igual, todos os nomes terminados na mesma letra, conforme os nomes dos persas.

149. Essas cidades são as flores da Iônia, e as eólias são as seguintes: Cime, a chamada Friconida, Larissa, Néon Teicon, Temno, Cila,

---

322. Cidade situada na região da Messênia, na península do Peloponeso.

323. Último rei de Atenas, filho de Melanto, por volta de 1070 a.C.

324. Nascido em Pilos, rei da Messênia. Depois de ser expulso pelos Heraclidas, tornou-se rei de Atenas.

325. Festival realizado pelas frátrias (clãs) atenienses no mês de outubro, que consistia em cultos e sacrifícios, a fim de realizar a apresentação das crianças e, assim, a atualização dos nomes dos cidadãos.

326. Montanha situada na Anatólia central.

327. Deus dos mares, filho de Crono e Reia. Como deus do mar, tem o poder de controlar as ondas, as tempestades, as marés, os rios e os lagos, e ainda criar fontes, tudo com o toque de seu tridente.

328. Epíteto de Posídon, que indica sua origem do monte Hélicon.

329. Personificação do vento oeste, filho de Aurora e de Astreu, sendo seus irmãos os ventos Bóreas (vento norte), Noto (vento sul) e Euro (vento leste). Consultar: Hesíodo, *Teogonia*, 378-382.

Nótion, Egiressa, Pitane, Egeia, Mirina e Grineia[330]. Essas são as onze cidades antigas dos eólios; pois uma única foi separada delas pelos iônios, Esmirna; pois essas eram doze no continente. E esses eólios estabeleceram suas colônias em uma região melhor que a dos iônios, mas o clima não

150. era semelhante. E os eólios perderam Esmirna da maneira que se segue. Homens colofônios, após terem sido vencidos em uma sedição interna e banidos de sua pátria, foram recebidos lá. Depois disso, os exilados colofônios esperaram pela festa dos esmirneus, que era realizada fora da muralha, em honra a Dioniso[331], e após fecharem as suas portas, tomaram a cidade. Porque todos os eólios vieram ao seu socorro, fizeram um acordo no qual os bens móveis seriam entregues aos iônios, e que os eólios abandonariam Esmirna. Depois de terem feito isso, as onze cidades dividiram os esmirneus entre si e tornaram-nos seus cidadãos.

151. Essas são as cidades éolias da terra firme, fora os que habitam o Monte Ida[332]; pois essas estão separadas. Algumas estão situadas nas ilhas, que são cinco cidades situadas em Lesbos[333] (pois a sexta, que se situava em Lesbos, era Arisbe, que foi escravizada pelos metimneus, que eram do mesmo sangue), uma única cidade estava situada em Tênedos[334], havia também outra, chamada Cem Ilhas[335]. Para os lésbios e os tênedos, conforme também para os que habitavam

---

330. Todas essas cidades estavam localizadas na região da Eólia.

331. Filho de Zeus e Sêmele, deus da vinha, do vinho e do delírio místico. Um episódio marca o nascimento de Dioniso: sua mãe pede a Zeus que lhe apareça com todo o seu esplendor. Zeus atende ao seu pedido; no entanto, o fulgor divino foi tamanho, que Sêmele transformou-se em cinzas. Antes disso, como estava grávida de seis meses, Zeus rapidamente retirou-lhe o filho e costurou-o em sua coxa.

332. Situado na ilha helena de Creta, o monte é famoso por ter sido o local escolhido pela deusa Reia para dar à luz Zeus, que o fez em uma de suas cavernas.

333. Ilha helena situada no Mar Egeu, famosa por ser a terra natal da poetisa Safo, considerada a décima musa por Platão, dado retirado de uma epigrama atribuída ao filósofo.

334. Ilha localizada próxima ao estreito de Dardanelo, no Mar Egeu.

335. Pequenas ilhas localizadas no Golfo de Admítion, abaixo da ilha de Lesbos.

as ilhas dos iônios, não havia nada a temer. Mas, para as cidades restantes, em comum acordo com os iônios, essas os seguiram para onde eles as conduzissem.

152. Quando os mensageiros dos iônios e dos eólios chegaram a Esparta (pois realizaram essas ações o mais rápido possível), escolheram um foceu para falar por todos, cujo nome era Pitermo. Ele, trajando uma vestimenta cor de púrpura, para que muitos cidadãos espartanos viessem a se informar sobre o que estava acontecendo, colocando-se de pé diante deles, discursou longamente porque necessitava que eles viessem em seu socorro. Mas os lacedemônios não o ouviram, mas eles decidiram que não socorreriam os iônios. Então, eles se retiraram. E os lacedemônios, embora tivessem se recusado a ajudar, assim mesmo, enviaram homens com uma nau e cinquenta remadores aos mensageiros dos iônios, para que observassem quais eram os acontecimentos em torno de Ciro e da Iônia. Quando esses chegaram à Foceia, enviaram para Sárdis o mais estimado dentre eles, cujo nome era Lacrine, para anunciar a Ciro a decisão dos lacedemônios, que ele não destruísse nenhuma cidade da terra da Hélade porque eles mesmos não seriam negligentes com isso.

153. Depois de ouvir essas palavras do arauto, conta-se que Ciro perguntou aos que estavam presentes quem eram os homens lacedemônios dentre os helenos e quantos eram para que lhe anunciassem essas palavras. Depois de ter sido informado pelo arauto, um cidadão espartano, ele disse: "Jamais temi tais homens, os quais têm um local conhecido no meio de sua cidade, onde, reunindo-se uns com os outros e fazendo juramentos, enganam-se. Se eu estiver em bom estado de saúde, os sofrimentos dos iônios não serão assuntos de conversas entre vós, mas os vossos próprios". E Ciro desprezou com suas palavras todos os helenos, porque instituem ágoras que utilizam para compra e venda; pois os próprios persas não estão acostumados a utilizar ágoras, eles não têm ágora em nenhum lugar. Depois disso, confiando os assuntos de Sárdis a Tábalo, um homem persa, e a Páctias, um homem lídio, para recolher o ouro de Creso e dos demais lídios, ele partiu para Ecbátanos, ao mesmo tempo em que conduzia Creso e que os iônios em nada eram o principal, dando-lhes pouca importância. Pois a cidade dos babilônios lhe era um entrave e o povo báctrio, os sacas e também os egípcios, contra os quais ele mesmo se ofereceu para liderar um exército, e contra os iônios enviar outro comandante.

154. Quando Ciro partiu de Sárdis, Páctias insurgiu os lídios contra Tábalo e Ciro. E, descendo pelo mar, porque tinha todo o ouro de Sárdis, contratou tropas mercenárias e persuadiu os homens costeiros a participar de sua expedição militar. Marchando contra Sárdis, sitiou a cidade, encurralando Tábalo na

155. acrópole. Depois de ter sido informado sobre esses acontecimentos no caminho, Ciro disse a Creso o seguinte: "Creso, qual será o fim desses acontecimentos para mim? Os lídios não cessarão, como parece, de apresentar-me problemas e de obtê-los eles mesmos. Penso se não seria melhor reduzi-los ao grau máximo da escravidão. Pois, do mesmo modo, parece-me agora que fiz como alguém que matou o pai e poupou os seus filhos; porque ainda eu te capturei e o estou conduzindo mais como um pai dos lídios, e dei a cidade para os próprios lídios, e depois estou admirado que se revoltem contra mim". Ele então disse o que pensava, mas, temendo que Ciro realizasse a destruição de Sárdis, o outro em resposta disse o seguinte: "Ó rei, disseste coisas razoáveis, todavia tu não te sirvas em tudo da tua cólera nem destruas uma cidade antiga, que é inocente dos acontecimentos do passado e dos que agora lhe estão colocados. Pois eu mesmo realizei os acontecimentos passados e eu mesmo suporto sua expiação sobre a minha cabeça. Mas, quanto aos acontecimentos atuais, Páctias é quem comete as injustiças, a quem tu confiaste Sárdis, esse que receba a tua punição. Mas, com teu perdão aos lídios, para que não se rebelem nem sejam perigosos contra ti, determina, enviando-lhes uma mensagem, que não possuam armas de guerra, e ordena que eles trajem túnicas debaixo de seus mantos e calcem coturnos, e anuncia que toquem cítara, dedilhem instrumentos de cordas, ensinem seus filhos a administrar pequenos comércios; e rapidamente eles, ó rei, terão aparência de mulheres em vez de homens[336], de modo que em nada

---

336. Interessante perceber que os conselhos de Creso a Ciro para a administração de Sárdis conduzem-na a um estilo de vida semelhante ao adotado por Atenas, o

156. lhes serão perigosos nem se rebelarão contra ti". Então, Creso aconselhou-lhe essas coisas, achando que essas seriam melhores do que se eles fossem vendidos como escravos, sabendo que, se não propusesse um motivo mais conveniente, não o persuadiria a mudar de opinião, e temendo também ao extremo que se os lídios escapassem da presente situação, fizessem uma rebelião, e que fossem aniquilados pelos persas. E Ciro, porque ficou muito satisfeito com o conselho, acalmou sua cólera, e disse que havia sido convencido por ele. E chamando Mázares, um homem medo, ordenou-lhe que anunciasse aos lídios as coisas que Creso havia lhe aconselhado, também que fossem reduzidos ao grau máximo da escravidão todos os demais que acompanharam os lídios na expedição militar contra Sárdis, e que trouxesse de qualquer maneira o próprio Páctias, vivo, diante dele.

157. Então, depois de ordenar essas coisas estando em seu caminho, marchou em direção aos lugares habituais dos persas. Mas Páctias, após ser informado que o exército estava próximo e que vinha contra ele, por temê-lo, partiu em fuga para Cime. E o medo Mázares estava marchando contra Sárdis, que estava com uma parte do exército de Ciro, quando não encontrou ainda os que estavam em torno de Páctias, em Sárdis; primeiro, obrigou os lídios a cumprir as ordens de Ciro; desde então, por causa dessas ordens, os lídios mudaram toda a sua forma de vida. E Mázares, depois disso, enviou mensageiros para Cime ordenando que entregassem Páctias. E os cimeus entenderam por uma reunião que iriam consultar o deus em Brânquidas. Pois havia sido construído ali um oráculo muito antigo, o qual todos os iônios e eólios tinham o costume de utilizar; e esse estava na região de Mileto sobre

158. o porto de Panormo. Quando os cimeus enviaram para os Brânquidas os mensageiros para consultar o oráculo sobre como deveriam agir a respeito de Páctias, porque tinham a intenção de

---

que nos leva a crer que os atenienses não eram vistos como um povo que ofereceria resistência ao combate; talvez tenha sido esse pensamento que norteou os ataques persas a Atenas, e a certeza de Xerxes de que sairia vitorioso de Salamina, como veremos nos Livros VIII e IX.

agradar aos deuses. E eles tiveram a resposta para essas indagações, o oráculo proferiu que entregassem Páctias aos persas. Depois de os cimeus ouvirem essas palavras oraculares que lhes foram trazidas, dispuseram-se a entregá-lo. Mas, quando uma parte da multidão estava disposta a entregá-lo, Aristódico, filho de Heraclides, um homem que era respeitado dentre os cidadãos, deteve os cimeus para não fazerem isso, porque ele não confiava no oráculo e pensava que os mensageiros enviados para consultá-lo não haviam dito a verdade, e que enviassem, pela segunda vez, outros mensageiros para consultar outros oráculos perguntando a respeito de Páctias; dentre eles também

159. estava Aristódico. Depois de terem chegado a Brânquidas, Aristódico consultou o oráculo por todos, perguntando o seguinte: "Ó senhor, veio junto a nós, como suplicante, o lídio Páctias, porque fugia da morte violenta nas mãos dos persas; mas eles nos reclamam, ordenando aos cimeus que o entreguem para eles. Mas nós, embora temamos o poder dos persas, não ousamos entregar-lhes este, que é nosso suplicante antes de sabermos por ti claramente qual das duas ações devemos realizar". Ele perguntou isso e logo o oráculo mostrou-lhe que ordenava que Páctias deveria ser entregue aos persas. Diante disso, Aristódico, de propósito, fez o seguinte: caminhando em volta do templo, em círculo, retirou os pardais e outros tantos que da raça dos pássaros construíram seus ninhos no templo. Enquanto ele fazia isso, conta-se, uma voz veio do interior do santuário indo em direção a Aristódico, e que dizia o seguinte: "O mais ímpio dentre os homens, por que ousas fazer essas coisas? Expulsas os suplicantes para fora do meu templo?". E Aristódico, não se deixando perturbar diante dessas palavras, disse: "Ó senhor, tu mesmo socorres assim os seus suplicantes, mas ordenas os cimeus a entregar o seu suplicante?". Em seguida, ele lhe disse em resposta o seguinte: "Sim, ordeno, a fim de que rapidamente pereçais, porque estais sendo impiedosos, que no futuro não venhais consultar ao oráculo sobre a entrega de suplicantes".

160. Depois de os cimeus ouvirem essas palavras oraculares que lhes foram trazidas, não querendo perecer por entregá-lo nem ser sitiados por tê-lo com eles, enviaram-no para Mitilene. Mas os mitileneus, depois de Mázares ter-lhes enviado mensageiros, estavam preparados para entregar Páctias, de fato, por uma quantia em dinheiro; pois não sei dizer com precisão isso, mas o fato não se concretizou; os cimeus, porque souberam dos acontecimentos ocorridos desde os mitileneus, enviaram-no em um barco para Lesbos e levaram Páctias até Quios. Lá, ele foi arrebatado violentamente do santuário de Atena Poliocos[337] e entregue pelos quios. Os quios entregaram-no em troca de Atárnea, como recompensa. Esse território de Atárnea está localizado na Mísia, diante de Lesbos. Depois de terem recebido Páctias, os persas mantiveram-no em vigilância, querendo entregá-lo para Ciro. Houve, por muito tempo, quando nenhum dos quios esparzia grãos de cevada moídos na cabeça das vítimas para nenhum dos deuses, nem fazia o espalhamento com os vindos desse Atárnea, nem assava bolos de produtos da terra vindos de lá, mantinha tudo o que fosse proveniente dessa região longe de todas as coisas consagradas nos templos.

161. Então, os quios entregaram Páctias; depois disso, Mázares organizou uma expedição militar contra os que estavam sitiando Tábalo; primeiro, reduziu os prienenses ao grau máximo da escravidão; depois, percorreu toda a planície do Meandro[338], saqueando-a com seu exército, do mesmo modo que Magnésia[339]. Depois disso, logo morreu por uma doença.

162. Após a sua morte, Hárpago combateu como seu sucessor no comando militar, porque, quanto à raça, também ele era medo, a quem o rei dos medos, Astíages, ofereceu um banquete em uma mesa ímpia; ele havia ajudado Ciro a conquistar seu reinado. Esse homem, nesse momento, foi indicado por Ciro para ser comandante, quando ele chegou à Iônia, capturou as cidades com seus amontoados de areia[340]; pois, para que fossem enclausurados em muralhas, o lugar

---

337. Epíteto da deusa Atena que significa "Protetora da cidade".

338. Rio localizado na Ásia Menor.

339. Território localizado na região da Tessália, Bolos é a cidade principal da antiga Magnésia.

340. Para sitiar a cidade, o comandante ordenou que fossem colocados nas muralhas amontoados de terra, a fim de dificultar que seus cidadãos entrassem ou saíssem do território.

foi bloqueado por amontoados de terra contra as muralhas, e logo as destruía.

163. A primeira cidade da Iônia que se apoderou foi Foceia. E esses foceus foram os primeiros dentre os helenos a se servirem das navegações à longa distância; eles descobriram o Adriático[341], a Tirsênia[342], a Ibéria[343] e o Tartesso[344]; e não navegavam em naus redondas, mas em penteconteros[345]. Quando chegaram a Tartesso, tornaram-se amistosos ao rei dos tartéssios, cujo nome era Argantônio[346], e que havia reinado em Tartesso durante oitenta anos, e viveu cento e vinte anos no total. De fato, os foceus foram tão amistosos com esse homem que, em primeiro lugar, ele lhes pediu que deixassem sua terra para habitar em seu próprio território, caso quisessem; depois disso, como ele não persuadiu os foceus, e porque foi informado de que o poder medo junto deles estava aumentando, concedeu-lhes dinheiro para cercar a cidade com uma muralha. Ele o concedia com prodigalidade; pois também o circuito da muralha não era de poucos estádios, e todo ele era de grandes pedras

164. e bem ajustadas. Então, a muralha que os foceus tinham foi construída desse modo. E Hárpago, quando avançou com seu exército e sitiou-os, anunciou sua proposta de que ele ficaria satisfeito se os foceus quisessem derrubar uma única parte da defesa da muralha

---

341. Trata-se do Mar Adriático, que ocupa uma parte do Mar Mediterrâneo, próximo à Península Itálica.

342. Nome dado pelos iônios à Tirrênia, região da Etrúria, que é banhada pelo Mar Tirreno, também uma extensão do Mar Mediterrâneo.

343. Nome dado pelos iônios à Penísula Ibérica.

344. Região situada a sudoeste da Península Ibérica, que corresponde hoje à Andaluzia.

345. O nome em heleno é *pentēcóntoros* (πεντηκόντορος), que significa "nau de cinquenta remos".

346. O romano Cícero conta que era Argantônio rei de Cádis e repete as mesmas informações sobre o seu tempo de vida e de reinado que encontramos em Heródoto: "Um certo Argantônio de Cádis, que reinou por oitenta anos, viveu cento e vinte" (*Arganthonius quidam Gadibus, qui octoginta regnavit annos, centum viginti vixit*), em sua obra *Da velhice*, XIX. 69.

e lhe dedicassem uma única moradia. E os foceus, porque estavam descontentes com a escravidão, disseram que queriam deliberar durante um único dia e depois dar-lhe a resposta; nesse momento, enquanto eles deliberavam, pediram para que ele conduzisse o exército para fora do muro. E Hárpago respondeu-lhes que sabia bem o que eles tinham a intenção de fazer, mas, do mesmo modo, ele se retiraria para que eles deliberassem. Nesse momento, Hárpago conduziu o exército para fora do muro; enquanto isso, os foceus arrastaram seus penteconteros no mar, colocando neles seus filhos, suas mulheres e todas as suas mobílias, além disso, suas estátuas provenientes dos seus templos e outras oferendas aos deuses, exceto o que fosse de cobre, de pedra ou pintura, e todas as coisas restantes foram colocadas nelas. Depois de embarcados, zarparam para Quios; e os persas se apossaram da Foceia

165. já estando deserta. E os foceus, depois de os quios não terem querido fazer negócios com eles para lhes vender as ilhas chamadas Enussas[347], por temerem que elas se tornassem um local de comércio marítimo, e que a ilha declinasse por conta disso; diante desses fatos, os foceus partiram para Cirno[348], pois nesta Cirno, vinte anos antes, por causa de um oráculo emitido para eles, fundaram uma cidade, cujo nome era Alalie. Argantônio já havia morrido por essa época. E eles partiram para Cirno, antes desembarcaram na Foceia e degolaram a guarda dos persas, enquanto ela vigiava a cidade, a mesma que fora indicada por Hárpago; depois, quando completaram essa ação com eles, fizeram terríveis imprecações a quem dentre eles que abandonasse a expedição; além disso, também atiraram ao mar uma massa de ferro incandescente e fizeram um juramento de não mais voltar a Foceia antes que essa massa incandescente submergisse. Mas, quando eles estavam partindo para Cirno, mais de a metade dos citadinos foi tomada pelo arrependimento e pela compaixão por sua cidade, também porque estava acostumada com seu território, ainda que estivesse cometendo

---

347. Ilhas localizadas próximo de Quios, que se situavam entre a ilha e o continente.

348. Antigo nome da ilha de Córsega, localizada próxima à Península Itálica.

falso juramento, eles navegaram de volta para a Foceia. E outros, porque preservaram

166. o seu juramento, após erguerem as velas, zarparam das ilhas Enussas. Depois de chegarem a Cirno, viveram cinco anos em companhia dos que lá chegaram primeiro e edificaram templos. Além disso, saqueavam e espoliavam todos os seus vizinhos, também realizavam expedição militar contra eles, em comum acordo com os tirsênios e os carquedônios, que utilizavam setenta naus cada um. E os foceus também equiparam as suas naus, que eram em número de setenta, e se confrontaram no mar chamado Sardônio[349]. Depois de promoverem uma batalha naval, os foceus obtiveram uma vitória cadmeia[350]; pois as suas quarenta naus foram destruídas, e as vinte que sobraram ficaram inúteis; porque seus esporões ficaram retorcidos. E eles navegaram de volta para Alalie, pegaram seus filhos e suas mulheres, também o quanto possível do restante de suas posses, e tais coisas foram levadas com eles nas naus que eles tinham, e depois

167. partiram de Cirno e navegaram em direção a Régio[351]. E com relação aos homens das naus que foram destruídas, os carquedônios e os tirsênios...[352] muito numerosos, dividiram entre eles, após os obrigarem a sair do território, apedrejaram-nos até a morte. Depois disso, entre os agilenses[353], todas as coisas que passassem pela região na qual os foceus foram apedrejados e lá jaziam, tornavam-se disformes, estropiadas ou apopléticas, igualmente rebanhos, animais de carga e homens. Os agilenses enviaram mensageiros a Delfos,

---

349. Mar de Sardo, que banha a ilha da Sardenha.

350. Vitória cadmeia tornou-se uma expressão proverbial para assinalar que o vencedor termina em situação pior que a do vencido, uma vez que os custos do vitorioso são maiores do que os dos derrotados. A expressão deriva da Vitória de Cadmo, que nos remete à luta dos Sete Contra Tebas, em que os descendentes de Cadmo e filhos de Édipo, Etéocles e Polinices terminam mortos em frente aos portões da cidade de Tebas. Há uma peça de Ésquilo intitulada *Sete contra Tebas*, na qual o tragediógrafo relata esse episódio.

351. Localizada ao sul da Península Itálica.

352. Pequena lacuna do texto.

353. Habitantes de Ágila, cidade localizada na região da Etrúria.

porque queriam reparar esse erro. E a Pítia ordenou-lhes fazer as coisas que também hoje os agilenses ainda cumprem; pois também sacrificam com grandiosidade para eles e lhes dedicam competições gímnicas e hípicas. E esses foceus experimentaram tal destino. Os que dentre eles se refugiaram em Régio, quando partiram de lá, conquistaram a cidade do território da Enótria[354], essa que hoje é chamada Hiela[355]. Eles colonizaram essa cidade depois de saberem por um homem de Posidônia[356] que a Pítia lhes havia proferido um oráculo que colonizasse Cirno, por ser um dos seus heróis, mas não uma ilha. Então, assim foram os acontecimentos a respeito da Foceia na Iônia.

168. E os teios[357] também fizeram algo muito parecido com essas coisas. Depois de Hárpago ter tomado a muralha deles com um amontoado de terra em torno dela, todos embarcaram nas naus e partiram navegando para a Trácia[358] e lá colonizaram a cidade de Abdera[359]; o primeiro dentre eles a colonizá-la foi Timésio de Clazômenas, embora não lhe tenha sido útil, ao contrário, foi expulso pelos trácios, hoje honrado pelos teios de Abdera como um herói.

169. Esses foram os únicos dentre os iônios que, por não suportarem a escravidão, abandonaram suas pátrias. E os demais iônios, exceto os milésios, os que abandonaram suas pátrias, por meio de uma batalha, avançaram contra Hárpago e tornaram-se homens corajosos, combatendo cada um por sua pátria; após terem sido derrotados e capturados, permaneceram cada um em sua região e

---

354. Nome que significa "terra das vinhas", cidade localizada no sul da Península Itálica.

355. Cidade que existe até hoje na região da Sicília com o nome de Vélia, localizada na antiga Magna Grécia.

356. Cidade do sul da Itália, que os romanos chamavam de Pesto (*Paestum*).

357. Habitantes de Teio, cidade da Atamânia, localizada próximo da Tessália e de Épiro, que eram separadas apenas pelos Montes Pindo.

358. Região situada no extremo norte da Hélade, conhecida por ser uma passagem da Anatólia para a Hélade.

359. Cidade litorânea da Trácia.

cumprindo as coisas que lhes eram ordenadas. E os milésios, como foi dito antes por mim, fizeram um pacto com o próprio Ciro e mantiveram sua tranquilidade. Assim, então, a Iônia foi escravizada pela segunda vez. Hárpago subjugou os iônios que habitavam no continente, enquanto os iônios que habitavam nas ilhas, temendo que isso lhes sobreviesse, entregaram-se a Ciro.

170. Embora estivessem maltratados, não deixavam de reunir-se no Paniônio, fui informado que Bias, um homem de Priene, declarou aos iônios a sua opinião mais valiosa, que se lhe tivessem obedecido, teriam se permitido serem os mais felizes dos helenos; ele encorajou os iônios para que se organizassem em uma expedição comum para navegar em direção a Sardo e depois fundar uma única cidade para todos os iônios; e assim, porque eles estariam livres da escravidão, seriam felizes, habitando a maior parte de todas as ilhas e sendo governantes de outros; mas se permanecessem na Iônia ele disse que não via nessa situação como haveria ainda a liberdade. Essa foi a opinião de Bias de Priene para os iônios derrotados. Ainda outra opinião valiosa, antes que a Iônia fosse derrotada, veio de Tales, um homem de Mileto, que, desde sua origem, a sua raça era fenícia, encorajou-os para que estabelecessem um único Conselho, o qual teria lugar em Teos (pois Teos estava localizada no centro da Iônia), e as demais cidades em nada menos seriam habitadas para serem legisladas conforme se fossem distritos. Essas foram, então, as tais opiniões que ele lhes proferiu.

171. E Hárpago, depois de ter subjugado a Iônia, realizou uma expedição militar contra cários, cáunios e lícios, levando com ele iônios e eólios. Dentre eles, estavam os cários que vieram das ilhas para o continente; pois eram antigos súditos de Minos, eram chamados de léleges[360] e habitavam nas ilhas, não pagavam nenhum tributo, o quanto eu mesmo fui capaz de apurar por inquirir, mas eles, quando Minos solicitava, equipavam suas naus. Porque Minos havia subjugado uma extensa região e havia tido boa sorte na guerra, conforme essa mesma época, em muito o povo cário era o mais notável dentre

360. A etimologia da palavra é desconhecida, sabemos apenas que antigos povos cários recebiam esse nome.

todos os povos. Também três invenções originaram-se por eles, as quais os helenos utilizam: pois os cários foram os que inventaram e os ensinaram a prender penachos em seus elmos, a confeccionar símbolos em seus escudos e esses ainda foram os primeiros que colocaram correias para empunhar seus escudos; eles estavam acostumados a utilizar escudos, mas até esse momento todos carregavam seus escudos sem correias para empunhá-los, manejavam-nos com boldriés de couro, colocando-os sobre o pescoço e ombro esquerdo. Depois, passado muito tempo, os iônios e os dórios expulsaram os cários das ilhas, e assim eles foram para o continente. Assim os cretenses contam a respeito da origem dos cários; todavia, os próprios cários não concordam com eles, mas eles mesmos consideram que são autóctones no continente e que sempre usaram o mesmo nome que agora. E mostram um antigo templo em Mílasa dedicado a Zeus Cário, do qual mísios e lídios compartilham que esses eram irmãos de Car[361]; pois dizem que o povo lídio e o mísio eram irmãos de Car; então estes o compartilham, quantos forem de outra raça falantes da mesma língua

172. que nasceram entre os cários não estão com eles. E os cáunios, eu penso, são autóctones; todavia, eles mesmos dizem que são oriundos de Creta. Eles têm semelhanças com a língua em relação à raça cária, ou os cários em relação à da cáunia (pois isso não posso avaliar com precisão), mas se servem de costumes em muito distintos dos demais homens e também dos cários. Pois a mais bela coisa para eles é se reunirem em bando, com homens, mulheres e crianças, para beber conforme a idade e a amizade. Edificando para eles templos estrangeiros, mais tarde, porque eles mudaram de opinião (mas parece que somente se serviram de deuses dos seus antepassados), todos os cáunios no início da idade se armaram, golpeando o ar com suas lanças, e, seguindo até os limites de Calinda[362],

173. disseram que estavam expulsando os deuses estrangeiros. E esses se serviram de costumes dessa natureza. E os lícios originaram-se da antiga Creta (pois os bárbaros habitaram toda a antiga Creta).

---

361. Herói epônimo do povo cário.

362. Cidade da costa iônia, fronteiriça à Lícia, na Ásia Menor.

Quando Sarpédon[363] e Minos[364], os filhos de Europa[365], disputavam o reino em Creta, porque Minos venceu sua facção, ele baniu de sua pátria o próprio Sarpédon e os seus partidários; e os que foram expulsos partiram para o território de Milíada, na Ásia; onde hoje os lícios habitam, antigamente era a Milía, e os mílios nessa época se chamavam sôlimos[366]. Enquanto o próprio Sarpédon governou, os lícios eram chamados pelo nome que haviam trazido consigo e ainda hoje são chamados pelos seus vizinhos: termilas. E quando Lico[367], filho de Pandíon[368], foi expulso de Atenas também por seu irmão Egeu[369], foi para o território dos térmilas para junto de Sarpédon, assim, então, conforme o nome de Lico, com o passar do

---

363. Filho de Zeus e de Europa que, depois de ser banido de Creta, tornou-se rei da Lícia.

364. Filho de Zeus e de Europa, rei de Creta, que viveu três gerações antes da Guerra de Troia, criado pelo rei de Creta Astérion. Relatos míticos dão conta de vários envolvimentos amorosos e até mesmo a primazia da prática pederasta entre os helenos, com o relato de que teria sido o rei o raptor do jovem e belo Ganimedes, em vez de Zeus.

365. Filha de Agenor, rei da Fenícia, foi conquistada por Zeus na forma de um touro, com quem gerou Minos, Radamanto e Sarpédon.

366. Os sôlimos eram considerados filhos de Ares, portanto, exímios combatentes. Homero conta que o herói Belerofonte considerou a luta mais árdua a que travou contra os sôlimos. Consultar: *Ilíada*, VI, 184-185.

367. Nascido em Mégara, filho de Pandíon II, rei de Atenas e de Mégara. Tinha dons divinatórios, tornou-se um sacerdote famoso e criador do culto a Apolo Lício; também era célebre por ser profundo conhecedor dos mistérios das Grandes Deusas. Aristóteles fundou sua escola peripatética (355 a.C.) e nomeou-a Liceu em homenagem a Lico.

368. Segundo rei de Atenas, filho de Cécrops e de Metiadusa. Atribui-se a introdução da festa das ânforas em seu reinado, na festa ateniense das Antestérias, o que revela um forte comércio em sua época, visto que as ânforas eram utilizadas para o transporte dos produtos comercializados na Bacia Mediterrânica. Após ter sido expulso de Atenas por seus primos, filhos de seu irmão Metíon, refugiou-se em Mégara, onde desposou Pília, a filha do rei Pílades, e mais tarde herdou o trono da cidade. Pandíon teve com Pília: Egeu, Palas, Niso e Lico.

369. Além de ser filho de Pandíon e de Pília, é conhecido por ser o pai do herói Teseu, quando pernoitou em Trezena e foi vítima de um ardil do rei Piteu para que engravidasse sua filha Etra e lhe desse um herdeiro de ascendência régia.

tempo, foram chamados de lícios. E eles se servem de uns costumes cretenses e de outros cários. Mas há uma única coisa a qual estão acostumados, que lhes é peculiar, e com a qual não estão de acordo com nenhuma outra dentre os homens, que é a seguinte: chamam a si mesmos pelos sobrenomes de suas mães, não pelos dos pais. Se algum outro vizinho lhe perguntar quem ele é, expõe detalhadamente sua origem por parte de mãe e enumera a partir da sua mãe as outras mães. E se uma mulher cidadã desposa um escravo, os seus filhos são considerados livres por nascimento; e um homem cidadão, ainda que sendo o primeiro dentre eles, toma em casamento uma mulher estrangeira ou uma concubina, os filhos nascem sem os direitos dos cidadãos.

174. Os cários então não realizaram nenhum feito brilhante e foram escravizados por Hárpago, nem os próprios cários demonstraram nada, nem quantos dentre os helenos que habitavam esse território. E ainda outros o habitam, cnídios, colônios dos lacedemônios, os quais têm seu território voltado para o mar, chamado Triópio[370], começando a partir do Quersoneso de Bibassia, sendo que toda a Cnídia, exceto uma pequena parte, é cercada pelo mar (pois uns lugares de seu território, em direção ao vento norte, o golfo de Cerâmico os separa, mas os outros lados, na direção ao vento sul, pelo mar de Esmirna e por Rodes), então há uma pequena parte dele que tem a extensão de cinco estádios, os cnídios cavaram um fosso nessa extensão, porque queriam fazer uma ilha de seu território. Dentro do qual, ela toda seria deles; pois por onde ele passava, o território cnídio terminava no continente, por onde há o istmo na parte em que estava sendo escavado o fosso. Além disso, muitas mãos de homens cnídios trabalhavam nele, pois havia algo mais divino, porque aqueles que trabalhavam mostravam-se machucados pela circunstância e as outras partes de seu corpo, sobretudo as partes em torno dos olhos, que era atingida pelas pedras, quando eles enviaram mensageiros para consultar o Oráculo em Delfos, a fim de perguntar se havia oposição ao trabalho. Como os próprios

---

370. Cidade e cabo da Cária.

cnídios dizem, a Pítia lhes proclamou, em versos trímeros, as seguintes palavras:

> Não fortifiqueis o istmo, nem o escaveis;
> pois Zeus teria feito a ilha, se ele o quisesse.

O cnídios, após a Pítia ter-lhes proclamado essas palavras, interromperam as escavações e, quando Hárpago avançou com seu exército contra eles, sem combate,

175. eles mesmos se entregaram a Hárpago e ao seu exército. E havia os pedásios, que habitavam acima de Halicarnasso, no interior da região; sempre que algo de mau agouro iria acontecer para eles, com eles mesmos ou com seus vizinhos, a sacerdotisa de Atena ficava com uma grande barba; isso lhes aconteceu por três vezes. Esses, dentre os homens que estão na região da Cária, foram os únicos que durante algum tempo se contrapuseram a Hárpago e lhe apresentaram muitos problemas, porque fortificaram

176. a montanha, cujo nome era Lide. Com o passar do tempo, os pedásios foram expulsos de seu território. E os lícios, quando Hárpago avançava na planície do Xanto[371] com seu exército, saíram e combateram, sendo poucos contra muitos, mostraram sua coragem; mas foram derrotados e encurralados na cidade, reuniram na acrópole suas mulheres, seus filhos, suas riquezas e seus escravos domésticos e, em seguida, colocaram fogo na acrópole, e esta foi toda queimada. Após fazerem isso, comprometeram-se com terríveis juramentos, e todos os xântios saíram para combater e morreram. Hoje a maioria dos lícios afirma que são xântios, exceto oitenta famílias, que são estrangeiras; e essas oitenta famílias, porque nessa ocasião estavam fora da cidade, assim sobreviveram. Dessa maneira, Hárpago tomou a cidade de Xanto. E, de modo muito parecido, ainda tomou Cauno; pois também os cáunios imitaram a maioria das coisas dos lícios.

177. Então, enquanto Hárpago devastava uns territórios do lado de baixo da Ásia, o próprio Ciro fazia o mesmo com os outros do

---

371. Rio da Cária que cortava uma cidade do mesmo nome.

lado de cima, subjugando cada um dos povos, não deixando passar nenhum. Quanto a alguns povos, a maioria deles deixaremos de lado; enquanto outros, os que apresentaram mais fadigas e são mais dignos de menção, lembrarei deles.

178. Depois de ter dominado todos os povos do continente, Ciro atacou os assírios. Na região da Assíria[372], existem outras muitas e grandes cidades, mas a mais famosa e poderosa era a Babilônia, onde instituíram o poder real após Nínive ter sido destruída, assim era essa cidade. Situada na extensa planície, tendo o tamanho de frente de cada lado de cento e vinte estádios, formando um quadrado; esses estádios, todos juntos, perfaziam quatrocentos e oitenta de perímetro para a cidade. Então, o extenso tamanho, que é próprio da cidade da Babilônia, foi ornamentado como nenhuma outra cidade dentre as que nós mesmos vimos. Em primeiro lugar, um poço profundo e extenso, cheio de água, circunda-a, depois dele, há uma muralha que tem a largura de cinquenta côvados régios e uma altura de duzentos côvados; e o côvado régio

179. é três dedos maior que o côvado comum. Então, além disso, deve-se dizer ainda onde foi usada a terra proveniente do fosso e de que modo foi construída a muralha. Ao mesmo tempo em que cavavam o fosso, faziam tijolos com a terra que era retirada da escavação e, quando formatavam os tijolos suficientes, cozinhavam-nos nos fornos; depois disso, como argamassa, utilizavam betume quente e intercalavam alicerces de trinta tijolos com treliças de cálamos; primeiro, construíram as beiradas da muralha, em seguida, a própria muralha do mesmo modo. Acima da muralha, construíram casas de um único compartimento ao lado das suas extremidades, voltadas umas para as outras; deixando um espaço no meio das casas, uma pista para a circulação de uma quadriga. E cem portas foram colocadas ao redor da muralha, todas de bronze, do mesmo modo que as pilastras das portas e das vigas acima delas. Há outra cidade que se distancia oito dias de jornada da Babilônia, cujo nome é Is[373]. Onde há um rio não muito grande, e esse rio também recebe o nome de

---

372. Região situada ao norte da Mesopotâmia, em torno do Rio Tigre.

373. Cidade localizada às margens do Delta do Rio Eufrates, próximo à Babilônia.

Is; que deságua nas correntes do Rio Eufrates[374]. Esse rio Is liberava com suas águas muitos coalhos de asfalto, de lá, o asfalto encaminhou-se para a muralha da Babilônia.

180. Desse modo, a cidade da Babilônia foi, então, construída. E a cidade tem dois lados; no meio dela, corre um rio, cujo nome é Eufrates, que corre a partir da Armênia, sendo grande, profundo e rápido; e esse desemboca no Mar Eritreu[375]. Então, a muralha, cada um dos seus lados, segue as margens do rio; e a partir desse ponto há as curvas e um muro de tijolos cozidos estende-se ao lado de cada uma das margens do rio. E a própria cidade está cheia de casas de três e quatro pavimentos, está cortada por ruas retas, com as demais transversais indo parar no rio. Há pequenas portas no muro para cada uma dessas ruas à beira do rio, quantas passagens existiam, tantas eram o seu número; e essas também eram de bronze, também essas levavam para o próprio rio.

181. Essa muralha é, então, a sua couraça e, dentro dela, há outra muralha que a circunda, uma não muito menos fraca que a outra muralha, mas mais estreita. Em cada um dos lados da cidade, foi construída uma fortificação no seu centro, em um estava o palácio real, cercado por um muro grande e fortificado; no outro, estava um templo de Zeus Belo[376], como portas de bronze, isso ainda existe também na minha época, dois estádios ao todo, formando um quadrado. No meio do templo, foi construída uma torre sólida com um estádio de comprimento e outro de largura; e sobre esta torre ergueu-se outra torre, também mais outra em cima, até atingir o número de oito torres[377]. A escada para subi-las foi feita do lado de fora e em forma circular, tomando todas as torres; e na metade da escalada há um ponto de parada e assentos para descanso, nos quais os que a estão subindo se sentam e descansam. Na última torre, há um grande tem-

374. É o mais longo e importante rio da parte ocidental da Ásia.

375. Mar que corresponde hoje ao Vermelho e se estende também ao Golfo Pérsico.

376. Nome do herói mítico fundador da Babilônia, provavelmente um epônimo dado a Zeus para homenagear seu rei e fundador.

377. Trata-se da célebre Torre de Babel.

plo; e nesse templo um grande leito está colocado bem preparado e uma mesa dourada posta ao seu lado. Não há nenhuma estátua depositada no local; ninguém dentre os seres humanos permanecia lá durante noite alguma, exceto que uma única mulher dos habitantes locais, a que o deus escolhia dentre todas, como dizem os caldeus, que eram sacerdotes desse deus.

182. Esses mesmos contam, para mim não dizem coisas confiáveis, que o próprio vem ao templo e repousa o leito, do mesmo modo conforme se faz em Tebas[378] no Egito, como dizem os egípcios (pois também lá uma mulher dorme no templo de Zeus Tebano, mas as duas dizem não ter relações sexuais com nenhum homem), também é conforme em Pátara[379] na Lícia[380], a profetisa do deus quando está lá; pois não há sempre um oráculo naquele lugar; mas quando está lá, então permanece trancada com ele durantes as noites

183. dentro do templo. Há embaixo desse templo da Babilônia um santuário, onde há uma grande estátua de ouro de Zeus sentado, e uma grande mesa de ouro está colocada ao seu lado, e o seu pedestal e o seu trono são de ouro; também, como dizem os caldeus, essas peças foram feitas com oitocentos talentos de ouro. Do lado de fora do santuário há um altar de ouro. Há ainda outro altar grande, no qual se sacrificam animais adultos dos rebanhos; pois em cima do altar de ouro é permitido sacrificar somente os que não mamam. Sobre o altar maior, também queimam mil talentos de incenso, todos os anos, quando os caldeus realizam a festa para esse deus. Ainda naquele tempo, havia também, nesse mesmo lugar sagrado, uma estátua de doze côvados, de ouro maciço; eu pelo menos não a vi, mas essas coisas são ditas pelos caldeus, apenas falo delas; Dario, filho de Histapes[381], desejava essa estátua, mas não teve coragem de pegá-la, porém Xerxes, filho de Dario, pegou-a e matou o sacerdote

---

378. Cidade localizada no Antigo Egito, cujo nome atual é Luxor.

379. Cidade helena conhecida por seu intenso comércio marítimo.

380. Região situada ao sul da Ásia Menor.

381. Filho de Dario I e de Atossa, ele desempenhou a função de comandante militar na segunda guerra dos persas contra os helenos.

que o proibiu de mover a estátua do lugar. Então o templo foi assim adornado, e ainda há nele muitas oferendas de particulares.

184. Muitos e outros se tornaram reis dessa Babilônia, os quais trarei à memória nas minhas *Histórias assírias*, que adornaram suas muralhas e seus templos, então, entre eles, houve duas mulheres. A primeira a reinar, cinco gerações antes da presente, cujo nome era Semíramis, essa construiu diques na planície que eram os mais dignos de relato; e antes disso o rio costumava formar um mar sobre a

185. planície toda. Então, a segunda que se tornou rainha dela, cujo nome era Nitócris[382], essa era mais inteligente que a regente anterior, por um lado deixou monumentos os quais eu relatarei adiante; por outro lado, ao ver o grande poder dos medos e ainda que não permanecessem parados, mas conquistando cidades para eles, entre elas então a de Nínive, precaveu-se o máximo que pôde. Em primeiro lugar, como o Rio Eufrates era antes reto, corria pelo meio da cidade, do lado de cima dele, escavou canais e assim o tornou um tanto sinuoso, para que então passasse correndo três vezes por um dos povoados da Assíria, o nome do povoado era Ardérica e o Rio Eufrates passava por eles; e agora aqueles que retornam deste mar vão para a Babilônia, navegando sobre o Rio Eufrates, e passam três vezes e em três dias ao lado do mesmo povoado. Então, ela fez isso de tal modo, bloqueou com terra acumulada cada lado do rio, o dique era digno de admiração, e o era quanto ao seu comprimento e à sua altura. Muito acima da Babilônia, cavou um reservatório de água em forma de um lago, que ficava quase ao lado do rio, e cavou um fosso profundo em direção sempre à água subterrânea, e ele fez a largura do seu perímetro de quatrocentos e vinte estádios; e a terra retirada da escavação acumulou ao lado das margens do rio. Depois de ele ter sido escavado, trazendo as pedras, realizou uma construção circular em torno do lago. E realizou essas duas obras: tornou o rio sinuoso e fez toda a escavação para o pântano, para que o rio ficasse mais lento e entrecortado por curvas, e que as navegações para a Babilônia fossem sinuosas, e que acontecesse de o contorno das navegações pelo lago fosse mais extenso. De acordo com isso, executou do seu

382. Filha do rei Nabucodonosor II, século VI a.C.

território por onde havia as entradas e os atalhos do caminho para o dos medos, a fim de que os medos não se comunicassem com seus vassalos e se informassem sobre os assuntos dela.

186. Então Nitócris se envolveu nesses assuntos pela profundidade deles, e de tal sorte que a partir dessas mesmas obras realizou a conclusão de outras. Estando a cidade dividida em duas partes, porque tinha o rio no seu meio, no tempo dos reis anteriores, quando alguém queria atravessar de um lado para o outro, era preciso atravessar com uma embarcação, como eu penso, isso era um aborrecimento. Ela ainda anteviu o seguinte ponto. Depois de ter cavado o reservatório de água em forma de um lago, a partir dessa mesma obra, deixou outro monumento. Cortou as pedras em tamanhos muito grandes; quando as pedras estavam disponíveis e o território escavado, desviou todo o curso do rio para o território escavado, que foi preenchido com ele, nesse ínterim, porque a nascente do seu curso estava secando; por um lado, conforme o mesmo raciocínio que teve para a muralha, construiu com tijolos cozidos em cima das margens do rio que passava pela cidade e nas descidas dos pequenos portões que davam para o rio; por outro lado, mais ou menos no meio da cidade, ela construiu uma ponte com as pedras que foram escavadas e talhadas, atando-as com ferro e chumbo. Estendia-se sobre essa ponte, quando era dia, madeiras quadradas, sobre as quais os babilônios atravessavam de um lado para o outro, e durante as noites, essas madeiras eram retiradas dela, pelo seguinte motivo, a fim de que não a atravessassem durante as noites para roubarem uns aos outros. Quando o lago escavado foi cheio pelo rio e as obras sobre a ponte foram terminadas, ela reconduziu o Rio Eufrates do lago para as correntes originais. E assim o pântano escavado tornou-se uma necessidade para o que se pensava que seria, também a ponte que foi construída para os cidadãos.

187. E essa mesma rainha também imaginou com arte algumas coisas, tal como o seguinte ardil. Sobre uma das mais frequentadas portas da cidade, colocou sobre o ponto mais alto de uma dessas portas um túmulo preparado como se estivesse suspenso no ar e gravou nesse túmulo palavras que diziam o seguinte: "Se algum dos reis da Babilônia que vier depois de mim estiver em necessidade de dinheiro, abra o meu túmulo e pegue o quanto quiser do dinheiro; todavia, se não estiver necessitando dele, de outro modo não o abra; pois não lhe será melhor". Esse túmulo ficou imutável até quando veio o reinado de Dario. Mas Dario pensava que era estranho que não se utilizasse essa porta, também o dinheiro que jazia nela e que também tinha essas palavras convidativas, e ainda não pegá-lo; ele não utilizava essa porta pelo seguinte motivo, porque, se ele a atravessasse, haveria um cadáver sobre a sua cabeça. Depois de abrir o túmulo, ele descobriu que não havia nenhum dinheiro, mas o túmulo tinha umas palavras que diziam: "Se não fosses insaciável de dinheiro e ávido de ganho, não terias aberto o túmulo dos mortos". Então, diz-se que essa rainha foi assim.

188. E, então, Ciro realizou uma expedição militar contra o filho dessa mulher, que tinha o mesmo nome de seu pai, Labineto, e que reinava na Assíria. E o Grande Rei, então, realizou uma expedição militar, após ter preparado bem os alimentos e os víveres que trouxe de casa, além disso, trouxe ao mesmo tempo a água do Rio Coaspes que corre ao longo de Susos[383], a única que o rei bebia, de mais nenhum outro rio. Depois de a água do Coaspes ter sido fervida, foi colocada em vasilhas de prata e levada por muitos seguros carros com quatro rodas puxados por mulas, que o acompanharam por onde quer que ele se dirigisse.

189. Quando Ciro estava marchando contra a Babilônia e estava nas margens do Rio Gindes[384], do qual as suas fontes estão nas montanhas dos matienos, e que corre pelo território dos dardaneus, e que deságua em outro Rio, o Tigre, o que corre pela cidade Ópis e deságua no Mar Eritreu, então, quando Ciro tentou atravessar esse Rio Gindes, que somente pode ser cruzado por naus, lá um dos seus sagrados cavalos brancos, tomado pela valentia, saltou no rio para

383. Por influência das traduções francesas, tem-se o hábito de grafar "Susa". No entanto, o nome em grego é Σοῦσος (*Soûsos*), portanto, o seu nome em nosso vernáculo é Susos. Cidade localizada na região da Mesopotâmia, a 250 quilômetros do Rio Tigre. Hoje a cidade de Susos é o monumental sítio arqueológico de Shush, o nome original da cidade.

384. É o quarto rio da região do Rio Tigre e do Eufrates, conhecida como Mesopotâmia.

tentar atravessá-lo, mas ele arrastou-o, conduzindo-o para dentro da água e o levou. Então, Ciro ficou profundamente irritado com o rio, por esse ter sido insolente, ameaçou-o de torná-lo tão fraco que, no futuro, também as mulheres facilmente o atravessariam e não molhariam seus joelhos. Depois dessa ameaça, abandonou a expedição militar contra a Babilônia, dividiu seu exército em duas partes; após separá-lo, colocou-o em fileiras, mostrando que ficassem estirados feito cordas para que cavassem cento e oitenta canais ao lado de cada uma das margens do Rio Gindes, voltados para todas as direções, de todas as maneiras; e ordenou ao exército que se organizasse para cavá-los. Como enorme era a multidão de homens trabalhando, a obra foi concluída, do mesmo modo, todavia, passou todo o seu verão trabalhando nela.

190. Como Ciro recortou o Rio Gindes em trezentos e sessenta canais para castigá-lo, em seguida, quando começou a brilhar a primavera, assim, então, marchou contra a Babilônia. E os babilônios organizaram o seu exército e saíram para esperá-lo. Assim que apareceu marchando próximo à cidade, os babilônios avançaram, mas foram derrotados na batalha e encurralados na cidade. Como foram informados ainda antes que Ciro não permanecia tranquilo, mas vendo-o do mesmo modo atacar todo o povo, abasteceram-se seguramente com alimentos para muitos anos. Por muito tempo, porque esses não deram importância alguma ao cerco, Ciro estava em uma situação difícil, porque havia passado um longo tempo, de nada adiantando para que os assuntos progredissem.

191. Quer um outro o tenha aconselhado no momento em que estava em dificuldade, quer também ele mesmo tenha compreendido o que deveria ser feito por ele, então agiu da seguinte maneira: enfileirou todo o exército a partir da entrada do rio por onde se entra na cidade, também enfileirou outros atrás da cidade, por onde o rio saía da cidade, ordenou ao seu exército que observasse quando o curso se tornasse possível de ser atravessado e entrasse por ele na cidade. Assim, então, após essas disposições e conforme elas instruído, ele mesmo marchou com a parte menos útil do exército. Quando chegou ao lago, as coisas que a rainha dos babilônios fez com relação ao rio e ao lago, Ciro também as fez por seu turno; pois introduziu o canal do rio no lago que estava um pântano, tornou o curso inicial do rio navegável, quando o rio baixou. Depois de ter feito isso, os persas, que estavam alinhados no mesmo posto, seguiram pelo curso do Rio Eufrates, porque estava baixo, um pouco mais que a metade da coxa de um homem atingia, e por ele entraram na Babilônia. Se, então, os babilônios tivessem sido informados antes ou notado o que estava sendo feito por Ciro, e tivessem percebido que os persas iriam entrar na cidade, eles o teriam destruído da pior forma; pois teriam fechado todas as pequenas portas que tinham em direção ao rio, eles mesmos subiriam nos muros feito de pedras que seguiam ao longo das margens do rio e os capturariam como se estivessem em uma cesta para pesca. Agora os persas apresentaram-se de surpresa para eles. Pela grande extensão da cidade, como é dito pelos que habitavam nela, os que estavam nas extremidades da cidade já haviam sido capturados, e os que habitavam o centro dela não perceberam que os babilônios já haviam sido capturados, pois (na ocasião eles tinham uma festa) estavam dançando durante esse tempo e estavam nas comemorações, até que então foram informados seguramente sobre o fato. E assim a Babilônia foi tomada pela primeira vez.

192. Quanto ao poder dos babilônios, entre muitas e outras coisas, mostrarei o quão grande ele é, e que também está no que se segue. Todo território governado pelo Grande Rei foi dividido para o seu sustento e o do seu exército, afora o pagamento do tributo. Então, dentre os doze meses dos anos, durante quatro meses, o território da Babilônia o alimenta, e durante oito desses meses, todo o restante da Ásia. Dessa maneira, o território da Assíria é a terça parte de toda a Ásia em poderio. E o governo desse território os persas chamam satrapia, e é em muito o mais importante de todos os governos, de onde Tritantaicme, filho de Artabazo, que o obteve do rei, recebia dessa satrapia uma renda a cada dia de uma ártaba cheia de prata (a ártaba, que era uma medida do povo persa, comporta um medimno[385] e três quênices[386] áticos). E ele também tinha os seus próprios cavalos, além dos de guerras, uns oitocentos cobriam

385. Cada medimno equivale a mais ou menos 51 litros.

386. Uma quênice corresponde a aproximadamente 1,1 litros.

as fêmeas e as cobertas eram dezesseis mil; pois cada um desses cavalos garanhões cobria vinte. A quantidade de cães da Índia alimentada era em um grande número que eram quatro grandes povoados que havia na planície, que eram isentos dos tributos dos restantes, a quem ele havia ordenado que alimentos fossem providos a esses cães. Tais eram as coisas que estavam à disposição do governante dos babilônios.

193. E a terra dos assírios é pouco molhada pela chuva, e é isso que alimenta a raiz do trigo; todavia, como é irrigado pelo rio, o campo de grãos desenvolve-se e o trigo cresce, não é como no Egito que o próprio rio inunda os campos, mas é irrigado por trabalho braçal e bombas d'água. Pois todo o território da Babilônia, como o do Egito, é cortado por canais; e o maior dos seus canais é navegável, está voltado para o sol de inverno[387] e deságua em outro rio, vindo do Eufrates para o Tigre, que na sua margem estava a cidade de Nínive. E esse é em muito o melhor de todos os territórios dentre os que nós conhecemos que produz o fruto de Deméter[388]...[389]; pois com as demais árvores não se tenta nem iniciar o seu plantio, nem figueira, nem videira, nem oliveira. O fruto de Deméter que brota é tão bom, que dá no todo duzentos por um, e quando são os melhores que há nesse mesmo território, brotam trezentos por um. E ali as folhas de trigo e as da cevada nascem, sem dificuldade, com a largura de quatro dedos; e o tamanho das do grão de milho e das do sésamo crescem bem parecidos com às de uma árvore, que não saberei dizer de memória, mas bem sei que aqueles que não foram ao território da Babilônia, quanto ao que foi dito sobre os frutos que possui, em muito se voltariam para a incredulidade. Eles não utilizam o óleo de oliva, produzem seu óleo a partir do sésamo.

---

387. Leia-se, solstício de inverno, quando o Sol atinge o maior ângulo em relação à linha do Equador, marcando o início do inverno.

388. Deusa helena relacionada ao culto da terra cultivada; em particular, à cultura do trigo. Também pertence à segunda geração divina, filha de Crono e de Reia. Seu mito comumente aparece ligado ao de sua filha, Perséfone, por quem busca fervorosamente após esta ter sido raptada por Hades, o deus do mundo ínfero. Para mais detalhes, consultar *Hino a Deméter*, atribuído a Homero.

389. Uma pequena lacuna do texto.

E eles têm palmeiras nascidas sobre toda a sua planície, grande parte delas frutífera, a partir das quais produzem pães, vinho e mel; eles as cultivam do mesmo modo que as figueiras, e tanto os outros como os das palmeiras, os helenos os chamam de machos, atam o fruto das palmeiras, nas que produzem tâmaras, para que ele amadureça, quando a cochonilha entrar na tâmara, e o fruto não caia da palmeira; pois os machos de fato trazem a cochonilha em seu fruto, como também as figueiras selvagens.

194. Vou contar o que é para mim a maior maravilha dentre todas as coisas nesse lugar, depois da própria cidade. As embarcações que eles têm, que passam pelo rio em direção à Babilônia, são redondas, todas feitas de couro. Pois, visto que entre os armênios, os que habitam acima dos assírios, fabricam as traves de seus arcabouços depois de cortarem vime, estendendo peças de couro à prova de água em volta do seu lado externo, à maneira de uma base, nem distinguem uma popa nem juntam uma proa, mas à semelhança de um escudo, fabricam-na redonda, preenchendo toda essa embarcação com cálamo, zarpam para ser levada pelo rio, depois de enchê-la de mercadorias. Em especial, levam jarros cheios de vinho da Fenícia. A embarcação é guiada por dois remos e dois homens eretos colocados em pé, um puxa o seu remo para dentro enquanto o outro puxa o seu para fora. Ainda fabricam muito essas grandes embarcações e as que são menores; as maiores dentre elas têm um carregamento de até cinco mil talentos. Em cada embarcação há um animal, um asno, nas que são grandes, há um número maior. Então, quando as grandes chegam à Babilônia e descarregam sua mercadoria, as traves do arcabouço da embarcação e todo o cálamo são anunciados em leilão por eles, e carregam os couros nos asnos e retornam para a Armênia. Pois, de fato, não é possível de modo algum subir o rio navegando, pela velocidade do rio; pois, por isso também não fabricam sua embarcações das árvores, mas do couro. Quando retornam carregando os seus asnos, fabricam outras embarcações do mesmo modo. De fato, tais são as embarcações que eles têm.

195. E os assírios utilizam a seguinte vestimenta: uma túnica de linho que desce até os pés, reveste-se também sobre ela outra túnica de linho, e um manto branco é envolvido sobre eles, com calçados de sua região, bem parecidos com os coturnos beócios. Após deixarem o cabelo crescer, eles amarram-no em torno da cabeça com mitras e perfumam todo o corpo. Cada indivíduo porta um sinete e um bastão de apoio feito à mão; sobre cada bastão de apoio, há a representação de uma maçã, ou de uma rosa, ou de um lírio, ou de uma águia ou de qualquer outra coisa; pois eles não têm o costume de portar um bastão de apoio sem uma figura gravada nele. Esse, de fato, é o equipamento que eles têm em seu corpo.

196. E as leis estabelecidas entre eles são as que se seguem. Esta é a mais sábia, conforme o nosso pensamento, fui informado de que era a utilizada pelos ênetos dos povos ilírios. Cada um dos povoados, uma vez por ano, faz o seguinte: quantas virgens que atingirem a idade certa para o casamento, todas essas eram reunidas, e esse amontoado era conduzido para um único lugar; em torno delas, ficava de pé uma multidão de homens. E um arauto posicionava cada uma e a vendia, em primeiro lugar, a mais bela de todas, depois de ter vendido essa encontrada e de ter recebido muito ouro por ela, procurava outra para vender, a que fosse mais bela depois daquela. Elas eram vendidas para o casamento. Por um lado, quantos fossem os ricos em idade de casar-se dentre os babilônios, disputavam uns com os outros para comprar as que fossem mais belas; por outro, os que eram do povo em idade de casar-se, esses não pediam nenhuma pela aparência notável, eles, por sua vez, recebiam dinheiro pelas virgens mais feias. Pois, quando o arauto tinha vendido as mais belas das virgens, posicionava a que fosse mais feia ou se alguma delas fosse estropiada, também essa era anunciada em leilão, a quem quisesse tomá-la para casar-se pela menor quantidade de ouro, até que restasse alguma que alguém estabelecesse a menor quantidade de ouro. O ouro, então, era arrecadado pela venda das belas virgens, e, assim, as belas proporcionavam o casamento para as feias e as estropiadas. Não era permitido que cada um desse em casamento a sua filha a quem desejasse, nem levá-la embora sem um fiador para a virgem que tivesse comprado, mas era preciso haver um fiador que assegurasse que ele se casaria com ela, assim a levava embora; se não se suportassem juntos, a lei estabelecia que se devolvesse o ouro. E era permitido ainda que aquele que quisesse comprar viesse de outro povoado. Essa era a lei mais bela que eles tinham, todavia, ela não continua existindo mais agora, e eles inventaram outra coisa que é recente, a fim de que não se cometesse injustiça contra elas ou fossem levadas para outra cidade; porque depois de eles terem sido capturados, espoliados e arruinados, cada homem do povo, porque se tornou carente de recursos, prostituía suas crianças do sexo feminino como meio de sobrevivência.

197. Em segundo lugar, com sabedoria, esta outra lei foi estabelecida entre eles: levavam aqueles que estavam doentes para a ágora; pois não utilizavam médicos. Então, aproximavam-se de quem estava adoecido e o aconselhavam sobre sua doença; se alguém sofreu também ele próprio da mesma doença, quem quer que a tivesse, ou se ele tivesse visto um doente ou outro qualquer sofrendo o mesmo; aproximando-se desse, aconselhava-o e o estimulava a fazer o que ele mesmo havia feito para escapar da mesma doença, ou se viu outro fazer para escapar dela. E não era permitido que se passasse em silêncio ao lado de quem estivesse doente, antes tinha de perguntar qual era a sua doença.

198. Eles têm suas sepulturas sendo envoltos em mel e suas lamentações são bem parecidas com as feitas no Egito. Todas as vezes que um homem babilônio tem relações sexuais com sua mulher, queima um incenso e se senta diante dele, e do outro lado a mulher faz o mesmo. Ao amanhecer do dia seguinte, ambos se lavam; pois não podem tocar em nenhum vaso antes que se lavem. Também os árabes fazem essas mesmas coisas.

199. E, de fato, a mais vergonhosa dentre as leis que os babilônios têm é esta: toda mulher da região deve sentar-se no templo de Afrodite uma vez na vida e ter relações sexuais com um homem estrangeiro. E muitas ainda julgam indigno misturarem-se às outras; as que se vangloriam por sua riqueza seguem em carros com coberturas abobadadas, atrelados por mulas, e colocam-se próximo ao templo, e muitas servas seguem atrás delas. E a maioria delas faz o que se segue. Muitas mulheres sentam-se no recinto sagrado de Afrodite com uma coroa de cordas em volta da cabeça; enquanto umas chegam, outras partem. E são estendidas cordas por meio dos caminhos de qualquer maneira pelas passagens que tenham mulheres, por meio delas os estrangeiros passam para selecioná-las. Quando uma mulher se senta lá, não sai do templo e vai para sua casa antes que algum estrangeiro jogue dinheiro em seus joelhos e tenha tido relações sexuais com ela. Após lançar o dinheiro, ele deve dizer: "Invoco sobre ti a deusa Milita". E Milita é como os assírios chamam Afrodite. E a quantidade de dinheiro é a que for possível; pois ela não o repele; porque esse é o costume; pois esse dinheiro torna-se sagrado; ela acompanha o primeiro que lhe jogar o dinheiro, não recusa nenhum. E depois de ter se relacionado sexualmente com ele, porque cumpriu seus deveres religiosos com a deusa, volta para sua casa, e, depois disso, não a tomarás nem se lhe ofereceres uma quantia muito grande. Quantas forem dotadas de belos traços e magnitude, rapidamente voltam para suas casas, e quantas delas forem feias, durante muito tempo permanecem lá sem poder cumprir com a lei; pois ainda há algumas que esperam durante três ou quatro anos. Também, em outros lugares de Creta, a lei é bem parecida com essa.

200. Essas, então, são as leis que os babilônios estabeleceram. Há dentre eles três clãs que não se alimentam de outra coisa se não for somente peixe, os quais, depois de serem pescados, são postos para secar ao sol, e fazem o seguinte: colocam-nos na pedra de moinho e os trituram com um pilão de almofariz e os coam por meio de um tecido fino; e o que dentre eles quisesse os comia como se fosse pão amassado, e o pão era assado de qualquer modo.

201. Depois de Ciro ter conquistado esse povo, desejou colocar os masságetas sob o seu poder. E diz-se que esse povo também era numeroso e corajoso, habitando na direção da aurora e do sol nascente, do outro lado do Rio Araxes[390], e em frente aos homens issedônios. Há os que dizem que são um povo da Cítia.

202. Diz-se que o Rio Araxes é maior e também que é menor que o Istro[391]. Dizem que há nele numerosas ilhas que são bem parecidas

390. Um rio extenso, que corta as montanhas do Cáucaso, cortando os territórios da Ásia Menor e desaguando no Mar Hircânio, atual Mar Cáspio.

391. Rio Istro é o atual Rio Danúbio, que corta a região conhecida pelos antigos como Dácia. Vemos aqui, então, uma inconsistência geográfica, o que nos leva a crer que Heródoto enganou-se com o nome.

em tamanho com as que existem em Lesbos, nas quais os homens alimentam-se durante o verão com todos os tipos de raízes que eles desenterram, e que descobriram frutos vindos das árvores produzidos no tempo certo para sua alimentação, e com esses eles alimentam-se durante o inverno; mas eles descobriram algumas árvores que produzem tais tipos de frutos: depois de se reunirem em bandos em um mesmo lugar, eles acendem uma fogueira, sentam-se em círculo e os jogam no fogo, e odores exalam dos frutos jogados enquanto queimam, com os quais eles se embriagam pelo odor, como os helenos com o vinho, e quanto mais frutos eles jogam no fogo mais eles ficam embriagados, até quando eles se levantam para as danças e para entoar cantos. Diz-se que esse é o modo de vida deles. E o Rio Araxes corre do território dos matienos, de onde está o Gindes, o qual Ciro dividiu em trezentos e sessenta canais, e que deságua por quarenta embocaduras, dentre as quais todas, exceto uma, correm para várzeas úmidas e águas pantanosas; dizem que os homens que habitam nesses lugares se alimentam de peixes crus e estão habituados a utilizar vestimentas de peles de focas. Uma única dessas embocaduras do Rio Araxes corre fluente para o Mar Cáspio[392].

203. E o Mar Cáspio encerra-se em si mesmo, não se mistura com nenhum outro mar; pois os helenos navegaram por ele todo com suas naus, e o mar que está fora das Colunas de Héracles[393], o chamado Atlante[394] e o Mar Eritreu são um único mar. Mas o Mar Cáspio, que se encerra em si mesmo, é outra coisa, tem a extensão de cinco dias de navegação com barco a remo, e a largura, no ponto em que ele é mais largo em si, de oito dias. Pelo lado que nos conduz em direção ao Ocidente, desse mar se estende o Cáucaso, sendo a maior em

---

392. É o maior corpo fechado de água no mundo, há duas interpretações para essa grande formação de água: ou se referem ao Cáspio como o maior lago do mundo, ou como um mar. Os antigos o denominavam oceano ou Mar Hircânio.

393. Nome dado aos promontórios localizados no estreito de Gilbratar, que separam os continentes africano e europeu.

394. Nome que deriva de Atlas, um gigante filho de Iápeto e da Oceânide Clímene, irmão de Prometeu e de Epimeteu. Participou da Gigantomaquia, a luta dos gigantes contra os deuses, e recebeu de Zeus o castigo de sustentar a abóbada celeste em seus ombros.

extensão e a mais alta das montanhas. E o Cáucaso é habitado em si por muitos e diferentes povos, e a sua maior parte vive do que provém da floresta. Entre as vegetações, diz-se que algumas dão folhas, de tal sorte que, quando são maceradas e misturadas com água, pintam imagens de animais suas próprias vestimentas; essas imagens de animais não saem com a lavagem, mas duram tanto quanto a própria lã, e mostram-se como foram feitas no início. E as relações sexuais desses homens são visíveis,

204. como são entre os rebanhos. Pelo outro lado, que nos conduz em direção ao Oriente desse mar chamado Cáspio encerra-se o Cáucaso, e pelo lado em direção à aurora e ao sol nascente tem a extensa planície, infinita, para além da visão. De fato, não é a menor parte dessa extensa planície que os masságetas habitam, contra os quais Ciro tinha vontade de realizar uma expedição militar. Pois muitos e grandes eram os motivos que foram levantados e com urgência; em primeiro lugar, estava o seu nascimento, o que o fazia pensar que era algo mais que um homem; em segundo lugar, a sua boa sorte, a que se originou conforme suas guerras; porque por onde Ciro entrava para realizar sua expedição militar, era impossível que o povo escapasse dele.

205. Uma mulher era a rainha do masságetas, depois da morte de seu marido; o seu nome era Tômiris. Ciro pretendia tê-la como noiva e lhe enviou uma embaixada, com o discurso de que ele queria tê-la como mulher. E Tômiris, compreendendo que ele não a pretendia, mas o reino dos masságetas, recusou-se a receber sua embaixada. E Ciro, depois disso, porque seu ardil não prosperou, após marchar para o Rio Araxes, tornou pública a sua expedição militar contra os masságetas, e construiu pontes sobre o rio, ligando-as ao lado oposto para sua travessia com o seu exército e torres sobre as naus que atravessariam o rio.

206. No momento em que ele executava esse trabalho, Tômiris enviou-lhe um arauto que lhe disse o seguinte: "Ó rei dos medos, para de agir com prontidão nas coisas que te apressas; pois não podes saber se o término dessas ações te será propício; para, reina sobre o teu domínio e vê também nós governarmos sobre os que são nossos governados. Então, não quererás te servir desse conselho, mas, mais que tudo ser pela tranquilidade. Tu, se desejares intensamente experimentar o poder dos masságetas, vamos, afasta-te do vão trabalho que tens de ligar-se ao outro lado do rio, e tu, depois de termos nos retirado da região, na distância de três dias do rio, atravessa para o nosso território. Se quiseres receber-nos mais no vosso território, tu faz o mesmo". Depois de ouvir essas palavras, Ciro convocou os persas mais proeminentes, depois de reuni-los, declarou-lhes em público a questão, deliberando sobre o que se faria. As ideias deles convergiam para a mesma coisa, ordenando que deixasse Tômiris e o seu

207. exército entrarem no território. Mas o lídio Creso, presente na ocasião, reprovou essa ideia e discursou contrário à opinião estabelecida, afirmando o seguinte: "Ó rei, disse-lhe antes que, uma vez que Zeus concedeu-me a ti, o que vejo que possas ser uma infelicidade para a tua casa, na medida do que me for possível, eu o desviarei disso. E os sofrimentos desagradáveis que tive se tornaram aprendizados. Se te parece que és um imortal e que comandas um exército de tal natureza, eu não poderia te revelar nenhuma opinião sobre; mas, se compreendes que tu também és um homem e que comandas outras de tais natureza, aquilo primeiro aprende que a roda dos homens é própria dos infortúnios, que, quando ela gira completando o seu círculo, não permite sempre que eles tenham boa sorte. Já eu tenho uma opinião sobre o assunto que foi colocado contrariamente a esses. Pois, se quisermos que os inimigos entrem em nosso território, há o seguinte perigo nisto. Se fores derrotado, destruirás todo o teu reino; pois é evidente que, se os masságetas vencerem, não voltarão atrás, mas avançarão sobre os teus domínios. Se os venceres, não haverá uma vitória tão expressiva quanto se tivesses atravessado o território daqueles para vencer os masságetas, e os fizesse fugir; pois a mesma circunstância comparo com aquela, que se venceres os seus opositores, marcharás direto para o reino de Tômiris. Além do relato que seria vergonhoso e não suportável para Ciro, filho de Cambises, ter cedido a uma mulher e ter fugido de seu território. Agora, parece-me, então, que atravessarmos para avançar o quanto aqueles recuarem, e depois de tentarmos ser superiores àqueles, fazermos o que se segue. Pois, como eu fui informado, os masságetas são inexperientes a respeito das coisas boas dos persas e são insensíveis às grandes belezas. Então, com abundância, cortemos e preparemos para esses homens uma grande quantidade de rebanhos para servi-los em banquetes no nosso acampamento militar, além disso, também crateras[395] de vinho sem mistura e todos os tipos de alimentos em abundância; depois de termos feito isso, deixaremos para trás a parte mais fraca do nosso exército e bateremos em retirada os restantes, indo novamente para o rio. Pois, se eu não estiver enganado com minha opinião, quando aqueles virem as muitas coisas boas, eles se voltarão para elas e, a partir deste momento, para nós

208. restará a demonstração de feitos grandiosos". Essas opiniões se enfrentaram. E Ciro abandonou a sua opinião anterior, escolhendo a de Creso: anunciou à Tômiris que saísse de seu território porque ele iria atravessá-lo para atacá-la. Então, ela saiu de seu território, conforme havia prometido antes. E Ciro colocou Creso sob os cuidados do seu próprio filho Cambises, a quem concederia o seu reinado, e ordenou-lhe que o honrasse e que lhe tratasse bem, se a travessia no território dos masságetas não fosse bem-sucedida; após ter ordenado essas coisas, ele os mandou de volta aos persas, e ele mesmo atravessou o rio, também o seu exército.

209. Depois de ter atravessado o Rio Araxes, quando veio a noite, teve uma visão enquanto dormia no território dos masságetas, que foi a seguinte: Ciro, em sonho, pensou que estava vendo o mais velho dos filhos de Histaspes com asas em seus ombros, uma delas escurecia a Ásia e a outra estava cobrindo de sombra a Europa. Histaspes era filho de Arsames, um homem de ascendência Aquemênida, Dario era o seu filho mais velho; nessa época,

---

395. Crateras são vasilhas grandes em que os helenos misturavam o seu vinho com água, visto que o vinho heleno era uma substância concentrada e densa. Em virtude disso, estima-se que o vinho era misturado na proporção de dois terços da bebida com um terço de água. A cratera era exposta em banquetes, no centro do recinto onde era realizado. Depois da realização da mistura dos líquidos, a bebida era retirada pelos convidados em pequenas taças, ou ainda pelo escanção, nome dado ao encarregado de servir a bebida aos convivas.

tinha mais ou menos vinte anos de idade, e ele havia sido deixado na Pérsia; pois não tinha ainda a idade para realizar uma expedição militar. Depois, então, que Ciro acordou, raciocinou sobre a visão que teve. Porque essa visão lhe pareceu importante, chamou Histaspes e, ficando sozinho com ele, disse: "Histaspes, teu filho está conspirando contra mim e já arrebata o meu poder; como sei disso com exatidão, eu lhe indico. Os deuses preocupam-se comigo e mostraram-me todos os fatos futuros; então, já na noite passada, quando estava dormindo, vi o teu filho mais velho com asas sobre os ombros e uma delas escurecia a Ásia e a outra estava cobrindo de sombra a Europa. Não há nenhum artifício vindo dessa visão que não seja aquele conspirando contra mim. Tu, então, o mais rápido possível retorna para a Pérsia e faze de modo que, quando eu para lá regressar, após subjugar este território, coloques teu filho diante de mim para

210. interrogá-lo". Ciro, acreditando que Dario conspirava contra ele, disse estas palavras; mas, naquele momento, sua divindade estava lhe revelando que ele mesmo iria morrer naquele lugar, e que o seu reino seria transferido para Dario. Então, Histaspes disse-lhe em resposta o seguinte: "Ó rei, que não seja um homem persa, quem quer que seja, que conspire contra ti, se houver um, que pereça o mais rápido possível; que fez os persas serem homens livres em vez de escravos, e em vez de serem governados por outros, a todos governar. E se tiveste uma visão anunciando que meu filho conspira contra ti, eu o entregarei para ti, para que lhe seja útil e tu decidas o que for". Histaspes respondeu-lhe essas palavras e atravessou o Rio Araxes para voltar à Pérsia, porque iria vigiar o filho de Dario para Ciro.

211. E Ciro, partindo do Rio Araxes durante um dia de jornada, seguiu os conselhos de Creso. Depois disso, Ciro retornou ao Rio Araxes e, com a parte mais fisicamente plena do seu exército, deixando para trás a parte inútil. Os masságetas então atacaram com a terça parte do seu exército os que foram deixados para trás pelo exército de Ciro, matando estes, que se defendiam; vendo o banquete servido, logo após eles terem subjugado os que lhes eram contrários, então se reclinaram e se banquetearam, e depois de terem se saciado com os alimentos, dormiram por causa do vinho. E os persas avançaram e mataram muitos deles e capturaram ainda mais uma grande quantidade deles vivos, também outros e o filho da rainha Tômiris, que atuava como comandante militar dos

212. masságetas, cujo nome era Espargapises. E ela, quando foi informada sobre o que acontecera com seu exército e com o seu filho, enviou um arauto para Ciro, que lhe anunciou o seguinte: "Insaciável de sangue, Ciro, em nada te vanglories pelo que foi feito, se com o fruto da videira, com o qual vos enchem para enlouquecer, assim de modo a descer o vinho pelo vosso corpo e soerguer as vossas palavras más, com essa bebida entorpecente, tramaste dominar o meu filho, mas não com uma batalha por meio da força. Agora, acolhe o meu discurso, porque estou te avisando bem; devolva o meu filho e vai embora do meu território sem punição, mesmo tendo insultado a terça parte do exército dos masságetas. Se fizeres isso, juro pelo Sol, senhor dos masságetas, serei eu mesma também

213. que te saciarei em abundância, como és sanguinário". Ciro não deu importância a nenhuma daquelas palavras proferidas. Mas Espargapises, o filho da rainha Tômiris, quando se recuperou do vinho, compreendeu em que ponto estava a sua ruína e pediu a Ciro que o libertasse dos seus grilhões; quando ele foi rapidamente libertado e teve o domínio sobre suas mãos, matou-se.

214. E, de fato, esse foi o modo como ele morreu. E Tômiris, porque Ciro não lhe havia escutado, reuniu toda a sua força e avançou contra ele. Essa batalha, de fato, de todas as batalhas travadas entre os homens bárbaros, julgo que foi a mais violenta. Além disso, fui informado de que esta aconteceu assim: diz-se que, em primeiro lugar, eles lançaram flechas uns contra os outros, depois disso, quando as flechas foram atiradas por eles, lançaram-se uns sobre os outros em uma batalha sangrenta, lutando corpo a corpo com suas espadas curtas. E, por muito tempo, então, estavam de pé para lutar e nenhum deles queria fugir; por fim, os masságetas foram os vencedores. E a maior parte do exército persa foi destruída pelo dela, além disso, o próprio Ciro havia morrido, depois de ter reinado, no total, por vinte e nove anos. Depois de ter enchido um odre de pele com sangue humano, Tômiris procurou, entre os persas que haviam morrido, o cadáver de Ciro, e quando o encontrou, ela introduziu sua cabeça no odre de pele; ultrajando o cadáver, disse sobre ele o seguinte: "Tu, embora eu esteja viva e o tenha vencido em batalha, mataste meu filho utilizando um ardil; mas eu te saciarei com sangue, conforme eu havia te prometido". De fato, porque contam muitas histórias sobre sua vida, a respeito dos acontecimentos sobre a morte de Ciro, isto foi o mais confiável do que me foi contado.

215. E os masságetas usam vestimentas semelhantes às dos citas, são combatentes com ou sem cavalos (pois compartilham ambos os modos), são arqueiros e lanceiros e estão acostumados a portar machados de dois gumes. E utilizam ouro e bronze em todas as coisas, pois utilizam bronze em todas as pontas das suas lanças, nas suas flechas e nos seus machados de dois gumes, também adornam com ouro em torno de suas cabeças, seus cintos e seus cinturões que passam sobre os ombros. Como, de diversas formas, envolvem os peitorais de seus cavalos com armaduras de bronze, por outro lado, as rédeas, os freios e os revestimentos dos cavalos eram em ouro, não utilizavam nenhuma peça de prata nem de ferro, pois eles não os têm em seu território, mas eles têm o ouro e o bronze em abundância.

216. E eles utilizam os costumes que se seguem. Cada um se casa com uma mulher, mas eles as utilizam sexualmente em comum; os helenos dizem que os citas fazem isso, mas isso não são os citas que o fazem, mas sim os masságetas. Pois um homem masságeta que deseja uma mulher, coloca-a suspensa na sua carroça com sua aljava e tem relações sexuais com ela, sem qualquer punição. Não estabelecem nenhum limite de tempo de vida para eles; quando se tornam muito velhos, todos os seus descendentes vêm e o matam, mas, ao mesmo tempo, também alguns animais do seu rebanho, depois cozinham suas carnes e realizam uma celebração com um farto banquete. Essas coisas são consideradas as mais felizes para eles, e quando alguém morre por doença, eles não se alimentam dessa carne, mas o enterram em seu chão, e ficam pesarosos, porque não foi alcançado o momento de ser sacrificado. Eles não semeiam nada, mas vivem dos rebanhos e dos peixes, que são abundantes, vindos do Rio Araxes; e eles são bebedores de leite. E veneram um único deus, que é o Sol, para o qual sacrificam cavalos. E essa é a razão de seu sacrifício: oferecerem como banquete ao mais rápido dos deuses o mais rápido dos seres vivos.

Referências bibliográficas

Obras de referência

BOISACQ, E. *Dictionnaire etymologique de la langue grecque.* Heidelberg: C. Klinksieck, 1938.

BURGUIÈRE, A. *Dicionário das ciências históricas.* Tradução de Henrique de Araújo Mesquita. Rio de Janeiro: Bertrand Brasil, 1993.

GRIMAL, P. *Dicionário de Mitologia Grega e Romana.* Tradução de Victor Jabouille. Rio de Janeiro: Bertrand Brasil, 1993.

HARVEY, P. *Dicionário Oxford de Literatura Clássica.* Tradução de Mario da Gama Kury. Rio de Janeiro: Zahar, 1987.

HOWATSON, M. C. *Dizionario delle Letterature Classiche.* Torino: Einaudi, 1993.

LALOUP, J. *Dictionnaire de littérature grecque et latine.* Paris: Editions Universitaires, 1968.

LE GRAND Bailly. Dictionnaire grec français. Rédigé avec les concours de E. Egger. Édition revue par L. Séchan e P. Chantraine. Paris: Hachette, 2000.

LIDDELL, H. G. e SCOTT, R. *Greek-English Lexicon (with a revised supplement).* Oxford: Clarendon Press, 1996.

MALHADAS, D. DEZOTTI, M. C. C.; NEVES, M. H. de M. (Coords.). *Dicionário Grego-Português α-δ.* Cotia: C. Ateliê Editorial, 2006.

______. *Dicionário Grego-Português ε-ι.* Cotia: C. Ateliê Editorial, 2007.

______. *Dicionário Grego-Português κ-ο.* Cotia: C. Ateliê Editorial, 2008.

______. *Dicionário Grego-Português π-ρ.* Cotia: C. Ateliê Editorial, 2009.

______. *Dicionário Grego-Português σ-ω.* Cotia: C. Ateliê Editorial, 2010.

MORKOT, R. *Historical Atlas of Ancient Greece.* London: Penguin, 1996.

PARIS, P. *Lexique des antiquités grecques: ouvrage illustrée de planches et de nombreaux dessins inédits.* Paris: Fontemoing, 1909.

PRIETO, M. H. T. C. U.; PRIETO, J. M. T. C. U.; PENA, A. N. *Índices de nomes próprios gregos e latinos*. Lisboa: Fundação Calouste Gulbenkian, 1995.

ROCCI, L. *Vocabolario greco italiano*. Trentasenttezima edizione. Roma: Società Editrice Dante Alighieri, 1993.

Edições e Traduções

ESOPO. *Fábulas completas*. Tradução de Maria Celeste Consolin Dezotti. Ilustrações de Eduardo Berliner. Apresentação de Adriane Duarte. São Paulo: Cosac Naify, 2013.

HERODOTUS. *The persian wars*. Books I-II. Translated by Anthony D. Godley. Cambridge/Massachusetts/London: Harvard University Press, 1981.

______. *The Persian Wars*. Books III-IV. Translated by Anthony D. Godley. Cambridge/Massachusetts/London: Harvard University Press, 1983.

______. *The Persian Wars*. Books V-VII. Translated by Anthony D. Godley. Cambridge/Massachusetts/London: Harvard University Press, 1986.

______. *The Persian Wars*. Books VIII-IX. Translated by Anthony D. Godley. Cambridge/Massachusetts/London: Harvard University Press, 1989.

PLUTARCO. *Da malícia de Heródoto*. Edição Bilíngue. Estudo, tradução e notas de Maria Aparecida de Oliveira Silva. São Paulo: Edusp/Fapesp, 2013.

Livros e Artigos

CARTLEDGE, P. A. "Taking Herodotus Personally". *The Classical World*, v. 102, n. 4, 2009. p. 371-382.

DEZOTTI, M. C. C. Prefácio. In: *Da malícia de Heródoto*. Edição Bilíngue. Estudo, tradução e notas de Maria Aparecida de Oliveira Silva. São Paulo: Edusp, 2013. p. 11-18.

HARTOG, François. *O espelho de Heródoto:* ensaio sobre a representação do outro. Tradução de Jacyntho Lins Brandão. Belo Horizonte: Editora UFMG, 1999.

JONG, I. J. F. "Narratologia e storiografia: Il racconto di Atys e Adrasto in Erodoto 1, 34-45." *Quaderni Urbinati di Cultura Classica*, New Series, v. 80, n. 2, 2005. p. 87-96.

KER, J. Solon's "'Theôria' and the End of the City." *Classical Antiquity*, v. 19, n. 2, 2000. p. 304-329.

KINDT, J. "Delphic Oracle Stories and the Beginning of Historiography Herodotus' Croesus Logos." *Classical Philology*, v. 101, n. 1. 2006. p. 34-51.

LICCIARDI, C. "Valori di *ergon* in Erodoto." *Quaderni Urbinati di Cultura Classica*, v. 37, n. 1, 1991. p. 71-80.

MAcWILLIAMS, S. "Hybridity in Herodotus." *Political Research Quarterly*, v. 66, n. 4, 2013. p. 745-755.

MOMIGLIANO, A. *The classical foundations of modern historiography*. Berkeley/Los Angeles/London: University of California Press, 1990.

NICOLAI, R. "Pater semper incertus. Appunti su Ecateo." *Quaderni Urbinati di Cultura Classica*, New Series, v. 56, n. 2, 1997. p. 143-164.

PELLING, C. B. R. "Talking and Learning in Herodotus' Lydian Logos." *Classical Antiquity*, v. 25, n. 1, 2006. p. 141-177.

ROMILLY, J. "Les barbares dans la pensée de la Grèce Classique." *Phoenix*, v. 47, n. 4, 1993. p. 283-292.

SCHLÖGL, A. *Heródoto*. Tradução de Javier Alonso López. Madrid: Alderaban, 2000.

SHAPIRO, S. O. "Herodotus and Solon." *Classical Antiquity*, v. 15, n. 2, 1996. p. 348-364.

Índice onomástico

Este livro foi impresso pela Gráfica Santa Marta
em fonte Adobe Garamond Pro sobre papel Pólen Bold 70 g/m²
para a Edipro no verão de 2024.